EXPOSITION UNIVERSELLE DE 1889

A PARIS

LA RÉPUBLIQUE SUD-AFRICAINE

SITUATION ÉCONOMIQUE ET COMMERCIALE EN 1889

PAR

V.-S. AUBERT

CONSUL DE FRANCE A PRETÓRIA

PARIS

TYPOGRAPHIE GEORGES CHAMEROT

19, RUE DES SAINTS-PÈRES, 19

1889

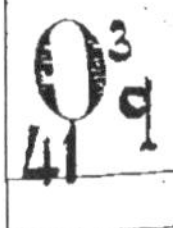

LA

RÉPUBLIQUE

SUD-AFRICAINE

SITUATION ÉCONOMIQUE ET COMMERCIALE

EN 1889

EXPOSITION UNIVERSELLE DE 1889
A PARIS

LA RÉPUBLIQUE SUD-AFRICAINE

SITUATION ÉCONOMIQUE ET COMMERCIALE EN 1889

PAR

V.-S. AUBERT

CONSUL DE FRANCE A PRETORIA

PARIS
TYPOGRAPHIE GEORGES CHAMEROT
19, RUE DES SAINTS-PÈRES, 19

1889

COMMISSION OFFICIELLE

DE LA

RÉPUBLIQUE SUD-AFRICAINE

A PRETORIA

MM. N..., *Président.*
V.-S. AUBERT, *Vice-Président.*
P.-W.-T. BELL.
T.-N. DE VILLIERS.
C. VAN DER BURG.
B. VAN TOL, *Secrétaire.*

Comité exécutif de Paris

MM. T.-N. DE VILLIERS, *Commissaire, délégué du Gouvernement.*
C. VAN DER BURG, *Commissaire, délégué de la Commission.*
G. OULMAN, *membre du Comité.*
G. MARCHEGAY, *membre du Comité.*

Membres du Jury

Titulaires :

CLASSE 43. — M. PRÉVOT.
— 67. — L. DREYFUS.

Suppléant :

CLASSE 41. — LE VICOMTE DE MONTMORT.

PRÉFACE

Il y a quatre ans seulement, l'avenir de la République Sud-Africaine était sombre, comme son passé. Ces vastes régions qu'un incomparable climat favorise semblaient devenues à jamais inhospitalières. En grande partie déboisées, mal irriguées, elles déployaient à perte de vue, devant les rares voyageurs, une succession désolante de plaines incultes et désertes. La terre en était sans valeur, le commerce nul. On eût dit que les habitants qui s'y étaient réfugiés, ces Boërs au bon sang mêlé de Hollandais et de Français, dédaignaient de s'enrichir et n'avaient d'autre souci que la défense de leur indépendance et de leurs antiques traditions. De père en fils, ils avaient lutté vaillamment contre l'invasion étrangère et, devant un ennemi trop nombreux, ils avaient préféré à la résignation, après la défaite, les incertitudes et les périls d'une vie errante.

Ils franchirent la rivière d'Orange, puis celle du Vaal, et là livrèrent leurs derniers combats. Ils triomphèrent, mais la victoire les laissait ruinés, épuisés. C'était en 1881. Cette misère dura jusqu'en 1885. Mais les cœurs étaient bien trempés ; cette ténacité, ce ferme courage que ces Boërs avaient conservés, comme l'héritage sacré de leurs aïeux, devaient avoir enfin leur récompense. Un jour, on découvre de l'or dans le pays. La nouvelle s'en répand bientôt jusqu'au Cap, puis en Europe, en Amérique. Aussitôt les solitudes se peuplent, des villes surgissent comme par enchantement, une société s'organise et voilà que cette héroïque famille nomade se trouve avoir fondé, presque du jour au lendemain, un État.

La foule des spectateurs qui s'arrête, à Paris, à l'Exposition universelle, devant le pavillon coquet de la jeune République australe, peuvent se rendre compte, d'un coup d'œil, de l'importance de cette transformation. Deux cavaliers hardis, de chaque côté de la porte, vous font accueil : deux blancs au mâle visage, à la superbe carrure, type accompli de cette forte race où chaque homme, depuis plusieurs siècles, est en même temps pasteur, chasseur, soldat. Dans le pavillon, nulle industrie n'est représentée, pour ainsi dire, sauf celle de l'extraction de l'or. A côté de lingots superposés dans un coffre-fort monumental, une pyramide atteste éloquemment la quantité de précieux métal qui a été extraite progressivement du sol depuis quatre ans. Des cartes indiquent les promesses des gisements encore inexploités. A côté de l'or et des autres produits minéraux, l'argent, le cuivre, le fer, la houille, etc., la République expose l'intéressante collection de ses richesses agricoles qui s'accroissent en même temps que sa population.

Cette Exposition marque l'importance du premier succès, mais suffit-elle pour faire connaître au visiteur les chances de réussite ou de revers qui attendent là-bas l'Européen que la vue de ces merveilles inviterait à s'expatrier? Non; son danger même est qu'elle se contente de promettre sans indiquer à celui qu'elle peut tenter, les conditions, le prix dont il devra payer la fortune à la poursuite de laquelle il va s'embarquer. Elle lui montre les résultats déjà acquis, mais non les difficultés qu'ils ont coûté à acquérir. Or c'est précisément ce qu'il importe de ne pas laisser ignorer à celui qui brave les risques et la longueur du voyage pour aller porter à la République Sud-Africaine le concours de son travail ou de ses capitaux. Celui-là a besoin d'un guide sûr qui l'avertisse en temps utile et qui l'arrête même, au besoin, avant son départ.

En dehors de quelques ouvrages anglais et hollandais assez récents, rien n'a été publié qui fournisse en France au groupe, d'ailleurs restreint, de nos émigrants, des renseignements sérieux sur le Transvaal. Encore les travaux auxquels nous faisons allusion ont-ils plus généralement trait à l'histoire qu'à l'avenir de la République. Un livre était donc à faire sur les ressources du pays, son climat, sa population, sa situation financière, agricole et commerciale, son administration.

Un des consuls que les principaux États européens ont accrédité auprès du Gouvernement Sud-Africain, le consul de France, M. Aubert, s'est chargé de réunir et de rédiger ces informations précieuses. C'est le fruit de son expérience et de ses recherches que l'on trouvera résumé dans les pages qui vont suivre.

En arrivant à Pretoria, M. Aubert n'était pas plus pour ces Boërs qu'il n'est pour nous un inconnu. Peu d'hommes étaient au courant comme lui du mouvement commercial et particulièrement des ressources coloniales de la Hollande. Collaborateur de M. le comte de Saint-Foix à notre Consulat général d'Amsterdam, il avait contribué dans une large mesure à la publication dont son chef avait pris l'heureuse initiative et qui contient sur la situation économique des Pays-Bas des renseignements dont le Gouvernement néerlandais lui-même a pu faire son profit. M. Aubert n'eut qu'à continuer, dans son nouveau poste, les études auxquelles il était déjà rompu; il les poursuivit d'autant plus volontiers, sans doute, qu'elles devaient lui fournir un moyen à la fois de remercier les Boërs de l'accueil cordial qu'il avait trouvé parmi eux et de mettre ceux de nos propres compatriotes qui songeraient à aller le rejoindre à même de bien peser leurs résolutions et de ne partir qu'à coup sûr.

Puisse son ouvrage porter bonheur à la jeune République et contribuer à fortifier la confiance qu'elle s'est acquise en Europe, comme il augmentera les sympathies qui ont salué sa prospérité naissante!

Baron D'ESTOURNELLES DE CONSTANT.

1er Septembre 1889.

LA

RÉPUBLIQUE SUD-AFRICAINE

APERÇU HISTORIQUE[1]

On ignore généralement que le Cap de Bonne-Espérance ait été la seule colonie, dans la vraie acception du mot, fondée par la Compagnie des Indes Orientales ou par les Provinces-Unies des Pays-Bas qui lui avaient donné droit de souveraineté sur ses conquêtes. Tous ses autres établissements d'outre-mer n'avaient qu'un but : faire le commerce et exploiter les indigènes. Les Européens qui les occupaient étaient presque tous au service ou à la solde de la Compagnie et cherchaient à faire fortune le plus rapidement possible pour retourner ensuite en Hollande. De colonisation, il n'en était jamais question.

Au Cap, au contraire, on vit dès 1652 une centaine de familles hollandaises s'établir dans le pays pour s'y livrer à l'agriculture, à l'élevage du bétail et s'y créer, en un mot, une nouvelle patrie. Peu d'années après, de nombreux huguenots, chassés de France par la révocation de l'édit de Nantes, cherchèrent un refuge en Hollande, mais furent envoyés, moitié

1. La plupart des observations contenues dans cet ouvrage sont extraites d'une série de rapports qui ont été adressés, à différentes époques, au Ministère des Affaires étrangères.

de gré, moitié de force, au Cap. Ils y grossirent le petit noyau d'immigrants qui s'y étaient déjà fixés et avec lesquels ils se confondirent bientôt par suite de l'interdiction qui leur fut faite, sous les peines les plus sévères, de prêcher en français et même d'enseigner cette langue à leurs enfants.

On évalue à un tiers environ de la population *boer* actuelle le nombre des descendants directs des anciens huguenots qui n'ont conservé, comme souvenir de leur origine, que leurs noms et certains traits de physionomie qui rappellent les populations du midi de la France. De là les noms de Joubert, de Villiers, Duplessis, Dutoit, Marais, Maré, Naudé, Duprez, Aurel, Celliers, Malherbe, Taillard et tant d'autres que l'on est fort étonné de rencontrer au centre de l'Afrique.

Les Anglais s'emparèrent du Cap en 1795 ; ils l'abandonnèrent en 1802, puis le reprirent définitivement en 1814.

Ce changement politique ne fut pas accueilli partout avec la même satisfaction. Au contraire, la population *boer*, et on entend plus spécialement par *Boers* (paysans) les descendants des anciens immigrants, tandis qu'on désigne par le nom d'*Afrikaander* (Africain) les descendants des Européens sans distinction nés en Afrique : la population boer, disons-nous, s'y montra hostile dès le début et cette hostilité amena, en 1815, un conflit dans lequel nombre de Boers trouvèrent la mort non seulement sur le champ de bataille, mais aussi sur l'échafaud à Slagtersnek.

Cette affaire, dont le souvenir resta toujours vivace dans la mémoire des Boers jointe à l'émancipation de leurs esclaves sans qu'ils en aient été équitablement indemnisés [1], fut un des principaux motifs de l'exode des Boers de la colonie du Cap de 1834 à 1836. Quelques-uns d'entre eux remontèrent au delà de la rivière d'Orange et du Vaal ; d'autres, en plus grand nombre, se rendirent à Natal et y fondèrent une République

1. John Nixon. *The complete Story of the Transvaal*, Londres, 1885.

après avoir défait Dingaan, chef indigène, qui avait massacré plusieurs familles d'émigrants.

Les Boers ne restèrent pas longtemps en possession du pays, qui fut annexé aux possessions britanniques de l'Afrique australe le 12 mars 1843. Ils allèrent alors rejoindre leurs compagnons d'émigration au nord du fleuve Orange, se répandirent dans la contrée en dehors de la domination anglaise, fondèrent d'abord la *République libre d'Orange,* reprise en 1848 par les Anglais et abandonnée par eux en 1854, puis la *République Sud-Africaine,* dont l'indépendance absolue fut reconnue par la convention de Zand Rivier, signée le 17 janvier 1852 entre le représentant du gouvernement britannique et les délégués des Boers.

La proclamation de son indépendance n'a pas positivement inauguré pour le nouvel État une ère de tranquillité et de prospérité. Au contraire, le pays fut fréquemment ensanglanté par des soulèvements des indigènes, des incursions des tribus voisines et des divisions intestines. Ces divisions donnèrent même naissance à deux nouvelles républiques autonomes, celles de Lydenburg et d'Utrecht, qui rentrèrent au bercail commun, en 1860, comme des brebis égarées.

Les Boers, ces hardis pionniers de l'Afrique australe, durent donc souvent féconder de leur sang le sol qu'ils avaient conquis. Ces luttes incessantes furent malheureusement un obstacle sérieux au développement du pays en même temps qu'une cause d'affaiblissement. C'est au point que la République, qui avait repoussé victorieusement toutes les attaques précédentes, se vit impuissante, en 1876, malgré les efforts du président Burgers, à triompher complètement du chef zoulou Secoucouni.

L'Angleterre craignit que cet échec, en inspirant aux indigènes une confiance immodérée dans leur force, n'amenât le soulèvement de toutes les tribus voisines de ses possessions et en prit prétexte pour intervenir. Elle croyait, d'ailleurs, cette démarche d'autant plus justifiée que des rapports mensongers soutenaient que les Boers avaient maintenu l'esclavage, en dépit de toutes leurs déclarations contraires.

Sans se laisser arrêter par les protestations du gouvernement d'alors, un commissaire royal vint le 12 avril 1877 proclamer, sans coup férir, l'annexion de la République Sud-Africaine aux domaines de la couronne d'Angleterre.

La nouvelle province du Transvaal ne resta, toutefois, pas longtemps sous la domination anglaise, car le patriotisme, un instant assoupi, ne tarda pas à se réveiller. Toutes les dissensions qui avaient existé jusqu'alors entre les différentes fractions de la nation furent écartées; l'étendard de l'indépendance fut de nouveau arboré et après une lutte de trois mois et les glorieux combats de Bronkhorstspruit, de Langsnek et d'Amajouba le pays fut rendu aux Boers par la convention signée à Pretoria le 3 août 1881.

Les années qui suivirent la rétrocession furent pour la République une période difficile; le commerce était détruit, les terrains diminués en valeur, la population découragée, lorsque la découverte des mines d'or de Lydenburg, puis de la vallée du Kaap et de Witwatersrand produisit un revirement complet dans la situation. Dès lors, les capitaux et les immigrants affluèrent dans le pays, le commerce prit un nouvel essor, de nouvelles villes surgirent de tous côtés et se développèrent avec une rapidité surprenante, le budget présenta chaque année un excédent important. Enfin, le pays jouit depuis d'une prospérité inconnue jusqu'à présent.

Nous avons dû nécessairement nous borner à ce rapide aperçu de l'histoire de la République Sud-Africaine dans cette brochure qui n'a aucune prétention scientifique. Mais quiconque désire se rendre compte de l'énergie et du courage que les Boers ont eu à déployer, des dangers qu'ils ont eu à braver, des privations et des souffrances qu'ils ont eu à endurer avant de voir satisfait leur amour de la liberté et de l'indépendance, pourra consulter les ouvrages suivants qui contiennent d'intéressants renseignements à ce sujet :

Henry Cloete. *Three lectures on the emigration of dutch farmers from the Cape Colony*, Pietermaritzburg, 1852. *The Journal of a Voortrekker*. Cape Monthly Magazine, sept. 1876.

Jacob Stuart. *De Hollandsche Afrikanen en hunne Republick*. Amsterdam, 1854.

P.-J. Veth. *Onze Transvaalsche Broeders*, Amsterdam, 1881.

Fred. Jeppe. *Transvaal Book Almanac for* 1871, Maritzburg.

Ch. Norris Newman. *With the Boers in the Transvaal*, London, 1882.

John Nixon. *The complete Story of the Transvaal*, London, 1885.

Fred. Jeppe. *Transvaal Book Almanac for* 1887, Maritzburg.

Fred. Jeppe. *Transvaal Book Almanac for* 1889, Capetown.

M. Theal. *The History of the Boers*, London.

GÉOGRAPHIE DU PAYS

LIMITES, ÉTENDUE

La République Sud-Africaine, dont les limites ont été fixées par la convention de Londres du 27 février 1884 et rectifiées par celle du Cap des 11-20 juin 1888, s'étend du 25e au 32e degré de longitude est de Greenwich et du 22e au 28e degré de latitude sud. Elle occupe une superficie d'environ 200 000 kilomètres carrés, c'est-à-dire à peu près autant que le Royaume-Uni de Grande-Bretagne et d'Irlande.

Elle est bornée au nord par le pays des Matabélés, à l'ouest par les territoires de différentes tribus nègres sous protectorat anglais et le Bechouanaland anglais, au sud par la République libre d'Orange et la colonie de Natal, et à l'est par le Zoulouland, le Swazieland et la colonie portugaise de Mozambique.

DIVISIONS TERRITORIALES

Le pays est divisé actuellement en 18 districts, savoir :

DISTRICTS.	NOMBRE DE subdivisions.	CHEFS-LIEUX.
Bloemhof	4	Bloemhof.
Christiana	1	Christiana.
Ermelo	3	Ermelo.
Heidelberg.	3	Heidelberg.
Lichtenburg	2	Lichtenburg.
Lydenburg.	5	Lydenburg.
Marico.	4	Zeerust.
Middelburg.	4	Middelburg.
Piet Retief.	1	Piet Retief.
Potchefstroom	6	Potchefstroom.
Pretoria	6	Pretoria.
Rustenburg	5	Rustenburg.
Standerton.	3	Standerton.
Utrecht	3	Utrecht.
Vrijheid	»	Vrijheid.
Wakkerstroom.	3	Martinus Wesselstroom.
Waterberg.	2	Nijlstroom.
Zoutpansberg.	4	Pietersburg.

HYDROGRAPHIE

Les deux principaux fleuves de la République Sud-Africaine sont : le *Vaal*, au sud, et le *Limpopo* ou *Crocodile*, au nord. Le Vaal prend sa source sur les hauts plateaux (*hoogeveld*) qui s'étendent sur toute la largeur du pays et dont les points culminants forment la limite des bassins de ces deux fleuves. Le Vaal, dans lequel viennent se déverser de nombreux cours d'eau, tant dans la République Sud-Africaine que dans la République libre d'Orange, se réunit au fleuve Orange, dans la colonie du Cap, et va se jeter, sous le nom de *Ki Gariep* ou Orange River, dans la baie Alexandre, sur la côte occidentale de l'Afrique, après un parcours d'environ 1600 kilomètres.

Le Crocodile ou Limpopo est formé par différents petits cours d'eau descendant du versant septentrional des hauts plateaux dont nous venons de parler. Il se dirige d'abord au nord, puis au nord-ouest, décrit ensuite différentes courbes en longeant les frontières occidentales et septentrionales du pays, redescend à l'est et enfin au sud pour se jeter, après avoir traversé la colonie portugaise de Mozambique, dans l'océan Indien par 25° de latitude sud.

Les tributaires et affluents de ces deux fleuves sont tellement nombreux qu'il semblerait au premier abord, lorsqu'on en voit le tracé sur la carte, qu'il n'est pas de contrée au monde mieux arrosée que la République Sud-Africaine. Il est malheureusement loin d'en être ainsi. A l'exception de ces deux fleuves et de quelques grands affluents, nombre de ces cours d'eau ont un parcours très restreint. De plus, comme ils traversent des régions où la végétation fait complètement défaut, particulièrement dans le haut pays, ils ont à peine de l'eau en hiver, la saison sèche, tandis qu'en été, la saison pluvieuse, la moindre ondée les transforme en torrents impétueux, mais qui s'écoulent aussi très rapidement. Dans maint endroit, on a remédié à cet inconvénient en établissant des barrages et des réservoirs. Cet usage n'est toutefois pas encore aussi répandu qu'on pourrait le désirer, de sorte que non seulement les cultures, mais aussi l'industrie de l'exploitation des mines ont souvent à souffrir de la sécheresse.

Indépendamment du Vaal, du Limpopo et de leurs affluents, il existe encore quelques rivières indépendantes qui se jettent toutes dans l'océan Indien et descendent du versant oriental des Drakenberg. Telles sont : la *Sabie*, le *Crocodile* ou *M'guenha* et le *Komati*, qui se réunissent en un seul cours d'eau nommé le *Manica*, *M'Komoyas* ou *Rivière du roi Georges*, se jetant dans la baie de Delagoa ; — l'*Usutu*, qui traverse le Swazieland, et le *Pongola* se réunissant au delà des frontières pour former le Mapouta, qui se déverse également dans la baie de Delagoa ; — le *M'Kousi*, l'*Umvolosi noir* et l'*Umvolosi blanc*, qui descendent dans l'océan Indien en traversant le Zoulouland ; — enfin le *Buffalo*, qui va se réunir plus bas avec le Tugela et longe une partie de la frontière entre la République Sud-Africaine et Natal.

LACS, ÉTANGS, MARAIS

Les eaux de pluie forment d'innombrables étangs dans les dépressions de terrain d'où elles ne peuvent s'écouler. La plupart des ruisseaux se transforment en marais en hiver et le passage en est souvent fort difficile. Quant aux lacs, il n'y a qu'une seule étendue d'eau qui mérite ce nom : c'est le lac *Chrissie*, sur la route de Natal à Barberton, qui a 57 kilomètres de tour et une assez grande profondeur à plusieurs endroits. Le pays possède également de nombreux étangs salins qui sont régulièrement exploités et quelques sources d'eaux sulfureuses, parmi lesquelles celle de Warmbad près de Nijlstroom (district de Zoutpansberg), qui attire chaque année quantité de malades et d'invalides à cause de ses propriétés curatives contre la goutte, les rhumatismes, la paralysie, les maladies scrofuleuses, etc.

Les lacs et étangs portent, dans la langue du pays, le nom de *pan* (cuvette).

OROGRAPHIE

Ainsi que nous l'avons déjà dit, toute la partie méridionale du pays est formée de hauts plateaux qui s'étendent, en plan incliné, depuis les *Drakenberg*, à 2100 mètres d'altitude, jusque près de Pretoria, qui est à 1300 mètres au-dessus du niveau de la mer. Au nord de ces plateaux, le pays est traversé, de l'ouest à l'est, par trois chaînes principales de montagnes. La première est formée des *Magaliesbergen*, qui s'étendent de Rustenburg jusqu'au delà de Pretoria; la seconde est formée de la *Dwarsberg*, de la *Witfonteinberg*, des *monts Marikele*, du *Hanglip* ou *Waterberg*, du *Makapan*, du *Zebedele* et du *Maschimala;* la troisième se compose de la *Blaauwberg* et de la *Zoutpansberg* dont les ramifications s'étendent jusqu'au Limpopo.

D'autres montagnes de moindre importance se trouvent dans le district de Marico, tandis que les Drakenbergen, qui séparent la République d'Orange de Natal, se prolongent avec différentes ramifications le long des frontières orientales du Transvaal jusqu'au delà de Lydenburg.

Les points culminants de ces montagnes sont, d'après M. Jeppe : l'*Ingwenya* 2280 mètres d'altitude, *Mauch'sberg* (Lydenburg) 2150 mètres, *Klipstapel* (Middelburg) 1800 mètres, *Forbes reef* (Lydenburg) 1800 mètres, *Plateau du Kaap* (Lydenburg) 1740 mètres, *Lake Chrissie* (Utrecht) 1720 mètres, *Llanwarne* 1720 mètres, *Spitzkop* (Lydenburg) 1690 mètres, *Holnek* (Utrecht) 1680 mètres, *M. W. Stroom* 1590 mètres, *Lydenburg* 1470 mètres, *Moodie* (Lydenburg) 1380 mètres, tous dans la chaîne des Drakenbergen. Le point le plus élevé des hauts plateaux entre le Vaal et Pretoria est à 1550 mètres au-dessus du niveau de la mer, celui de la Blaauwberg (district de Zoutpansberg) à 750 mètres, du Makapan à 600 mètres ; le Vaal au gué Retief, près de Wakkerstroom, est à 1 443 mètres d'altitude, au gué Lunse près de Heidelberg, à 1 395 mètres.

En dehors des chaînes de montagnes que nous venons d'énumérer, on trouve dans le pays de nombreux soulèvements du sol, et d'immenses étendues de terrains montueux ou fortement ondulés au-dessus desquels s'élèvent çà et là des pics isolés nommés *kopjes* (têtes), à cime aplatie, qui montrent sur leurs flancs dénudés leur ossature rocheuse.

PRODUITS DU SOL

La République Sud-Africaine est un pays particulièrement favorisé par la nature, en ce sens qu'on y trouve la végétation des climats tempérés, semi-tropicaux et tropicaux à mesure qu'on s'avance vers le nord.

La première zone, formée par les hauts plateaux, ne renferme aucune forêt par suite de l'habitude qu'ont les fermiers de brûler l'herbe des prairies pendant l'hiver. Par contre, on voit, autour de quelques fermes et dans les villes, différentes espèces d'arbres fruitiers, parmi lesquelles dominent le pêcher, le figuier et l'oranger. Viennent ensuite le citronnier, le pommier, le poirier, l'abricotier, le mûrier, le grenadier, la vigne, le coignier, l'amandier. Parmi les arbres d'ornement, on rencontre l'eucalyptus, le saule, le peuplier, le chêne, différentes espèces d'acacias et de mimosas, le pin; mais tous en trop petit nombre pour qu'on puisse en tirer profit autrement que comme bois de chauffage.

Au contraire, à mesure qu'on s'avance au nord et sur les versants des hauts plateaux à l'est et à l'ouest, la végétation devient plus luxuriante et les arbres plus nombreux, sans former cependant, sauf dans de rares endroits, de véritables forêts. Ce changement est déjà sensible dans la partie du pays appelée le *Boschveld* (champs boisés), qui s'étend dans toute la largeur de la République depuis Rustenburg jusque près de Lydenburg, et où on trouve différentes espèces d'acacias, de fougères arborescentes, de hêtres, de protées (*zuikerbosch*) qui sont moins utiles, tandis que plus au nord on rencontre une cinquantaine d'espèces d'arbres dont le bois est employé aux travaux de charpente, d'ébénisterie et de charronnage. Trente et une de ces espèces, parmi lesquelles l'ébénier et l'acajou, se trouvent dans le district de Zoutpansberg, le plus riche en produits du règne végétal, dix-neuf dans celui de Lydenburg, vingt-sept dans celui d'Utrecht, vingt dans celui de Rustenburg, quatorze dans celui de Marico, huit dans celui de Wakkerstroom et deux seulement dans celui de Pretoria.

Il est malheureusement à craindre que, par suite de la grande consommation de bois qui se fait actuellement pour les usages industriels et domestiques et de l'absence de règlements sur le reboisement, ces végétaux auront disparu dans peu d'années. La partie septentrionale du pays sera alors aussi dénudée que les hauts plateaux avec leurs plaines monotones et leurs arbres rabougris.

Nous ne parlons pas ici des produits agricoles, dont nous nous occuperons dans un chapitre spécial.

FAUNE

Au grand désespoir des chasseurs, la faune de la République Sud-Africaine va en dépérissant et on ne rencontre plus que de loin en loin dans cette vaste contrée de rares spécimens des nombreux animaux sauvages qui la peuplaient jadis. Le lion, le léopard, l'éléphant, l'hippopotame, la girafe (nommée *chameau* par les Boers), sont allés chercher des refuges plus sûrs contre la balle des Boers. Avant eux, avaient disparu les bandes innombrables d'antilopes, au port gracieux, aux jambes rapides, aux cornes de toute dimension, dont la chair était un mets trop délicat pour n'être pas apprécié de ces rudes pionniers qui ont conquis et colonisé le pays.

On ne rencontre plus que quelques couples isolés des vingt-sept espèces d'antilopes qui habitaient la contrée et dont les plus connues sont le *springbok,* ou gazelle à bourse, le *caama* ou cerf du Cap (hartebeest), l'*antilope à longues cornes* ou chamois du Cap (gemsbok), l'*antilope plongeante* ou chèvre sautante du Cap (duiker), le *sauteur des rochers* (steenbok), l'*antilope noire* (zwart witpensbok), le *coudou,* aux cornes en spirale, le *gnou*. Le *zèbre* et le *couagga*, son congénère, se trouvent encore sur les bords du Limpopo. Il y a encore un assez grand nombre d'*hyènes*, de *chacals* et de *servals* dans le nord et l'ouest du pays, plusieurs espèces de chats sauvages, le chat de Cafrerie, le nigripète, le chat à taches de rouille, des civettes d'Afrique (meerkatjes), des *orgétéropes*, des *phatagins* et d'autres fourmiliers qui se creusent des terriers énormes, ainsi que les *protèles* (aardwolven), des *hérissons*, des *porcs-épics*, des *loutres*. Parmi les rongeurs, nous citerons les *lièvres*, qui sont plus petits que ceux d'Europe, les lièvres sauteurs ou *pédètes du Cap* (springhazen), qui ne sortent que la nuit de leurs terriers, les *écureuils*. Les lapins sauvages sont complètement inconnus dans cette partie de l'Afrique. Des *singes* de petite taille habitent les crevasses tout du long des Magaliesbergen, près de Pretoria, et les autres montagnes dans le nord du pays.

Les cours d'eau sont peuplés de nombreux poissons, carpes, barbues, jaunets, anguilles, et par des tortues de la grandeur d'une assiette. Les crabes d'eau douce pullulent dans toutes les rivières et dans tous les ruisseaux et fossés.

Les *crocodiles* peuplent en grand nombre le fleuve auquel ils donnent leur nom, le Komati et leurs affluents. Les *iguanes* se trouvent le long de tous les cours d'eau. Des lézards de différentes dimensions, des tortues de terre, des crapauds, des grenouilles, des caméléons se rencontrent partout, tandis qu'une grande variété de reptiles, *pythons*, *najas*, *mambas*, *vipères*, habitent les rochers et le bord des cours d'eau.

Parmi les oiseaux les plus connus sont les *autruches*, devenues cependant fort rares, les *vautours*, qui se chargent de la voirie et sont par conséquent fort utiles, l'*aigle*, l'*autour*, l'*épervier*, la *buse* (kuikendief), différentes espèces de *faucons*, de *gerfauts*, le *chat-huant*, la *chouette*, le *hibou*; comme gibier nous avons la *caille*, la *perdrix grise*, la *perdrix rouge*, la *grande outarde* (paauw), l'*outarde* (korhaan), le *canard*, la *sarcelle*, la *pintade*, le *francolin* ou faisan, la *tourterelle*, le *pigeon ramier*, la *bécassine*. Le Boschveld surtout abrite une infinité d'oiseaux aux vives couleurs, tels que le *cotinga* bleu, le *coucou cuivré* (didrie du Cap), plusieurs espèces de *geais*, l'*indicateur* (ou chasseur d'abeilles d'Afrique), le *sirli* (espèce d'alouette), différents martins-pêcheurs, et nombre d'espèces de passereaux : *sansonnets*, *merles*, *pique-bœufs*, *bergeronnettes*, *fourmiliers*. Parmi les échassiers, nous citerons le *secrétaire*, le *butor*, la grue ordinaire et la grue *couronnée*, le *héron*, le *vanneau*.

PRODUITS MINÉRAUX

La République Sud-Africaine est, sans contredit, le pays le plus riche en minéraux de toute espèce de l'Afrique australe. A l'exception du diamant qu'on n'a malheureusement pas encore découvert, il n'est pas de produit minéral qui ne s'y trouve en plus ou moins grande abondance.

L'*or* se rencontre soit dans les terrains d'alluvion, soit dans des filons concrets encaissés dans le schiste ou le granit et en masses immenses, dans les districts de Pretoria, de Heidelberg, de Potchefstroom, de Lydenburg, de Rustenburg, de Marico et de Zoutpansberg. Ce métal est tellement répandu dans le sol qu'il n'est, pour ainsi dire, pas de région du pays où on n'en trouve pas de traces. Les terrains de Pretoria même, au dire de personnes dignes de foi, en sont saturés à certains endroits.

L'*argent* allié au plomb ou au cuivre se rencontre dans les districts de Pretoria, de Middelburg et de Rustenburg. Plusieurs compagnies ont été établies pour l'exploiter. Nous avons vu des échantillons de minerai de cuivre argentifère tirés d'une mine à quelques kilomètres de Pretoria, ne contenant pas moins de 4327 onces (134^{kg},137) d'argent à la tonne de 1016 kilogrammes.

Cuivre. — Ce métal semble avoir été exploité de temps immémorial par les naturels pour en fabriquer des ornements. Il existe dans les districts de Pretoria, de Middelburg, de Zoutpansberg et de Rustenburg allié à la silice ou soufre, au carbone ou encastré dans le porphyre granitique. La richesse des différents minerais varie entre 10 et 80 p. 100.

Plomb. — Le plomb existe dans plusieurs districts, mais plus spécialement sur la frontière occidentale, près de Marico, où certains minerais ont donné jusqu'à 84 p. 100 de galène et 18 onces (558 grammes) d'argent à la tonne.

Cobalt. — Ce minéral a été découvert en 1871 dans le district de Middelburg et a été exploité pendant quelques années par une compagnie anglaise qui en a exporté pour plus de 250000 francs.

Fer. — Il n'est aucun district où la présence du fer n'ait été constatée. En certains endroits, il est tellement abondant que le volume de minerai se chiffre par millions de tonnes, surtout dans le district de Rustenburg. A Zoutpansberg et à Waterberg, il existe des montagnes entières de minerai de fer. A Rustenburg, ce sont surtout les magnésites et les hématites ou fers oligistes qui dominent. Ils renferment jusqu'à 70 p. 100 de fer. Des magnésites ont été également trouvés sur les frontières orientales.

Zinc. — Des filons de blende assez riches ont été trouvés près de Middelburg.

A l'exception de l'or, aucun de ces métaux n'est exploité régulièrement. On s'est borné jusqu'ici à en constater la présence. Même les mines de cuivre argentifère pour l'exploitation desquelles plusieurs compagnies ont été formées sont pour ainsi dire abandonnées par suite de l'absorption par les mines d'or de l'attention des hommes d'affaires.

Houille. — La houille se trouve presque à la surface du sol, non seulement le long de la frontière orientale, mais aussi au nord sur le trajet du chemin de fer projeté de Delagoa Bay à Pretoria. Les hauts plateaux, que les géologistes avaient classés depuis longtemps parmi les terrains carbonifères, renferment de nombreuses couches de houille. On l'extrait depuis longtemps au moyen de simples excavations le long de Klipriver, à 24 milles de Heidelberg, à Sandfontein, près de Wakkerstroom, et tout le long de la Steenkoolspruit, à 40 milles de Pretoria. Enfin, ce qui est plus important, de nombreux gîtes carbonifères ont été découverts aux environs de Johannesburg. Un chemin de fer est en voie de construction pour relier le centre houiller de Boksburg à la capitale des mines d'or de Witwatersrand, et comme le travail de ces mines nécessite une grande quantité de combustible dont le transport doit s'effectuer par charrettes à bœufs, l'établissement de cette ligne ferrée rendra de grands services.

L'analyse a démontré que la houille du Transvaal est excellente pour les machines. On en a même trouvé qui est propre à la fabrication du gaz d'éclairage.

Parmi les autres produits minéraux du pays, nous citerons encore : l'*étain*, le *bismuth* et le *platine*, dont on a trouvé des traces dans le district de Rustenburg ; l'*amiante,* qu'on a trouvé à plusieurs endroits ; le *cinabre,* qu'on dit exister près de Spitzkop (Lydenburg) ; une espèce de *bitume*, signalée près de Klerksdorp. On n'a toutefois fait aucune recherche sérieuse pour établir s'il existait suffisamment de ces différents produits minéraux pour en motiver l'exploitation.

Il n'est enfin pas de district où on ne trouve la *pierre à chaux*. La *pierre à ciment* existe également dans le pays et va être exploitée en vertu d'une concession accordée par le gouvernement.

CLIMAT

Au point de vue climatérique, le pays peut être divisé en deux zones distinctes : les *Hauts Plateaux*, entre le Vaal et les Magaliesbergen, et la partie dite *Boschveld* ou boisée, des Magaliesbergen au Limpopo.

En été, du mois d'octobre au mois de mai, la température moyenne dépasse rarement dans le jour 25° centigrades, dans la première zone, tandis qu'elle atteint souvent, à mesure qu'on avance vers le nord, 30 à 35 et même 40 degrés sur la frontière. En hiver, au contraire, la zone septentrionale jouit presque constamment d'une température agréable, tandis que sur les hauts plateaux le thermomètre baisse fréquemment la nuit au-dessous de zéro et il y règne souvent des vents très froids accompagnés de bourrasques, de grêle et de neige fine qui descendent de Drakenberg. Dans le jour, la température remonte pour retomber au coucher du soleil. Il s'opère ainsi des variations, qui atteignent parfois 8 ou 10 degrés en moins d'une heure et sont, par suite, pernicieux quand on n'y est pas préparé.

Pretoria se trouve exactement aux confins des deux zones et est de plus protégée par de hautes collines contre les vents froids. Aussi le climat y est-il des plus agréables et les plus vieilles gens ne se rappellent pas y avoir jamais vu ni glace ni neige.

L'hiver est aussi la saison sèche. En été, au contraire, les pluies et les orages sont fréquents et violents.

Nous regrettons qu'il n'ait jamais été fait d'observations suivies dans les différentes parties du pays. Celles qui sont à notre connaissance remontent aux années 1877, 1878 et 1879 et ne s'appliquent qu'à Pretoria.

Voici, d'après l'Almanach de Fred. Jeppe pour 1881, le résultat des observations faites de 6 heures du matin à 8 heures du soir et enregistrées par l'auteur pendant ces trois années :

	HAUTEUR DU THERMOMÈTRE CENTIGRADE.						NOMBRE de JOURS DE PLUIE.			QUANTITÉ d'eau tombée EN MILLIMÈTRES.		
	1877		1878		1879							
	Maximum.	Minimum.	Maximum.	Minimum.	Maximum.	Minimum.	1877	1878	1879	1877	1878	1879
	degrés.	degrés.	degrés.	degrés.	degrés.	degrés.	jours.	jours.	jours.	mill.	mill.	mill.
Janvier. . .	34	18	35 1/2	19 1/2	31	19 1/2	»	10	10	139	167	99
Février. . .	30	17 1/2	31 1/2	18	32	17 1/2	»	6	7	101	116	76
Mars. . . .	29 1/2	12 1/2	31	16	29 1/2	14	»	8	5	40	108	109
Avril. . . .	28 1/2	13	30	13	28 1/2	10	»	0	2	6	»	31
Mai	29 1/2	11	29 1/2	11	26 1/2	6	»	3	1	44	38	6
Juin. . . .	23	6	24	5	22	4	0	0	3	»	»	36
Juillet . . .	28 1/2	6	29	6	22	5	2	1	2	3	32	16
Août. . . .	28 1/2	6	27 1/2	6	26 1/2	3	0	3	0	»	15	»
Septembre .	30 1/2	9 1/2	32 1/2	8	27	12	3	0	14	68	»	128
Octobre . .	30	10 1/2	35	13	29	14	7	8	4	42	12	50
Novembre .	31 1/2	12	32	16	31	17 1/2	7	6	6	25	61	52
Décembre .	32	17 1/4	31	17	33	19	11	14	10	71	120	170
	34	6	35 1/2	5	33	3	»	59	64	539	669	773

La plus haute température a donc été 35° 1/2 pendant les années 1877, 1878 et 1879, la plus basse de 3 degrés centigrades et la quantité d'eau tombée en moyenne de 660 millimètres par an.

Nous devons à M. Van Noorden les renseignements suivants sur les observations thermométriques qu'il a faites à Rustenburg du 1er septembre 1887 au 31 août 1888 :

Hauteur moyenne du thermomètre centigrade à Rustenburg.

	A 8 h. du MATIN.	A 1 h. de l'après-midi	A 6 h. du SOIR.	NOMBRE DE JOURS pluvieux.
	degrés.	degrés.	degrés.	
Septembre 1887. . . .	21 »	29 1/2	25 »	0
Octobre.	27 »	31 1/2	25 »	3
Novembre.	25 »	32 »	24 »	12
Décembre.	27 »	32 1/2	24 1/2	10
Janvier 1888	26 1/2	32 »	24 »	9
Février.	24 1/2	30 »	24 »	21
Mars.	22 »	28 »	21 1/2	10
Avril.	19 »	25 »	20 1/2	10
Mai	14 »	21 »	12 »	3
Juin	11 »	19 1/2	12 »	0
Juillet	13 »	21 »	11 »	2
Août.	17 »	25 1/2	17 »	4

La plus haute température observée à Rustenburg a été de 35° le 24 décembre 1887, à une heure de l'après-midi, et la plus basse de 8° le 10 juillet 1888, à six heures du soir. Il y a eu 84 jours de pluie à Rustenburg du 1er septembre 1887 au 31 août 1888 ; il est vrai que depuis longtemps on n'avait pas eu, de même que dans tout le reste du pays, un été aussi pluvieux.

De nos observations personnelles il résulte que, la température de Pretoria, pendant le mois de novembre 1888, a été de 15° à 24°, à huit heures du matin, de 22° à 31°, à une heure de l'après-midi et de 18° à 29° à cinq heures du soir ; pendant le mois de décembre, aux mêmes heures, de 17° à 25°, de 19° à 32° et de 19° à 31°. Nous avons eu quatre jours pluvieux en novembre et dix en décembre.

POPULATION

Il est difficile d'évaluer quel est actuellement le chiffre exact de la population de la République Sud-Africaine. Si on considère, toutefois, qu'environ 12 000 fermes particulières sont inscrites au bureau de l'enregistrement et si on admet que trois blancs vivent sur chaque ferme, on arrive à un chiffre de population rurale de 36 000 âmes.

Lorsque les Boers sont arrivés dans le pays, ils ont divisé le sol en parcelles de terrain appelées *plaatsen* (fermes), qui, légalement, devaient former un carré dont chaque côté représentait la distance parcourue en droite ligne, en une demi-heure, par un cheval au pas. Cette façon primitive d'arpenter a eu pour résultat de donner à certaines fermes une superficie de 1 000 hectares, tandis que d'autres en ont 4 ou 5 000. Une partie de ces lots de terrains ont été donnés ou plutôt taillés à plein morceau par les nouveaux arrivants, et le reste du sol a été vendu ou réservé comme domaine de l'État.

Ces 12 000 fermes particulières ne sont pas toutes occupées, mais celles qui le sont font certainement vivre plus de 3 blancs. Voilà pourquoi, en prenant cette moyenne pour base, on obtient le chiffre approximatif que nous avons indiqué.

Si, à ce chiffre de 36 000 âmes, nous ajoutons la population des villes de Pretoria, de Johannesburg, de Barberton, celle des villages disséminés dans toute la contrée et des fermes domaniales, on peut admettre que la population blanche de la République Sud-Africaine est d'environ 130 000 âmes.

Cette population est composée des éléments les plus divers. Après les Boers proprement dits, c'est-à-dire les colons primitifs et leur descendance, c'est la nationalité anglaise qui domine. Et cela s'explique par la proximité des colonies anglaises du Cap et de Natal, et aussi par la quantité de capitaux anglais placés dans le pays. Puis viennent les Hollandais, attirés par la similitude de langue et de religion, les Allemands, les Français, les Suisses, les Portugais et enfin de rares Italiens et Américains que la découverte des mines d'or et l'immense développement qu'elles ont pris ont attirés dans ce coin jusqu'alors à peu près ignoré de l'Afrique australe.

A côté de la population blanche, de nombreux représentants de la race nègre habitent le pays, soit dans les cantonnements qui leur ont été assignés par le gouvernement, soit disséminés dans les campagnes ou employés dans les villes à tous les métiers. Le recensement qui en a été fait en 1886 a accusé un chiffre de population indigène de 300 000 âmes environ ; mais le nombre s'en est certainement accru depuis. En effet, les Cafres (c'est sous ce nom que les nègres sont connus en Transvaal) qui sont polygames trouvent, maintenant, à gagner facilement de l'argent dans les mines et ils peuvent, par suite, se procurer aisément les deux ou trois paires de bœufs à donner au père pour prix de sa fille. Une veuve, nécessairement tant soit peu défraîchie, est cotée moins haut.

La race indigène du Transvaal est composée des espèces les plus hétérogènes, parmi lesquelles aucun type bien caractérisé ne semble dominer. Suivant certains auteurs, les naturels du Transvaal appartiendraient en majeure partie à la race des Basoutos qui se seraient divisés en quantité de tribus connues sous les noms de Makatees, Corannas, Vaalpensen, Knobneûsen, Amandabélés, avec lesquelles se seraient mélangés des Zoulous, des Swazies, des Amatongas, surtout sur les frontières orientales, ainsi que quelques représentants de la race hottentote et des Buschmans, bien reconnaissables à leur peau d'un jaune terreux, à leurs pommettes saillantes, à leurs yeux caves, à leur face aplatie et décharnée, à leur front déprimé, à leurs membres grêles et à leur taille exiguë. Chez les Cafres proprement dits on retrouve, au contraire, à part leurs cheveux crépus et la couleur de leur peau qui varie du bronze au noir d'ébène, toutes les physionomies des populations européennes.

Dans les centres industriels et commerciaux, où les ouvriers blancs sont peu nombreux et chèrement payés, les noirs sont d'une grande ressource. On les emploie aux travaux manuels ou comme domestiques. Ils sont malheureusement peu susceptibles d'attachement à leurs maîtres et sont vite pris de nostalgie. Aussi, dès qu'ils ont économisé quelque argent, rien ne peut les retenir : il faut qu'ils retournent à leur *kraal* (le village cafre). Ils sont également très sensibles au froid et dès qu'arrive l'hiver ils désertent en masse les hauts plateaux, où la température s'abaisse fréquemment, la nuit, au-dessous de zéro, pour des zones plus clémentes. L'exploitation des mines d'or de Witwatersrand souffre, par suite, souvent du manque de bras.

D'après le dernier Almanach Jeppe, la population blanche de la République Sud-Africaine serait d'environ 110 000 âmes, et la population nègre de 300 000 âmes seulement.

La population blanche serait répartie comme suit par profession :

Fonctionnaires, y compris le corps d'artillerie et la police.	772
Commerçants, trafiquants, employés. . .	10 000
Arpenteurs	56
Avocats, avoués, notaires, légistes. . . .	131
A reporter. . . .	10 959

Report.	10 959
Médecins et pharmaciens.	51
Ecclésiastiques	67
Missionnaires	75
Instituteurs.	100
Mineurs	20 000
	31 252

De sorte qu'il resterait 80 000 individus pour la classe des fermiers et la population flottante, ce qui nous paraît fort exagéré, puisque, d'après ce même ouvrage, il n'y a que 13 000 électeurs, c'est-à-dire citoyens de 18 ans et au-dessus, parmi lesquels il s'en trouve qui sont compris dans les catégories ci-dessus.

Classée par religions, la population sédentaire comprend : 62 000 individus appartenant à l'église protestante hollandaise, 1 000 luthériens, 3 000 catholiques, 11 000 des différentes sectes protestantes anglaises et 2 000 israélites, sans compter les mahométans (hindous) et les nègres des missions.

PRINCIPAUX CENTRES DE POPULATION

Bien peu des centres de population de la République Sud-Africaine méritent le nom de *ville :* aussi portent-ils tous le nom de *village,* en style administratif. Et sous cette dénomination on entend aussi bien Johannesburg, le centre le plus populeux de tout le pays, que Schweizer-Rencke, l'agglomération du district de Bloemhof la plus récemment baptisée, et qui compte à peine quelques habitations.

PRETORIA

Pretoria est le chef-lieu du district de ce nom et en même temps la capitale du pays.

La ville est située à une hauteur de 1 300 mètres au-dessus du niveau de la mer, dans une vallée, entre la chaîne des Magaliesbergen et les derniers soulèvements du sol qui forment les hauts plateaux du pays. Elle est arrosée par l'*Aapjes* River (rivière des Singes), qui se jette dans la Pinaars River, un des affluents du Crocodile.

Elle a été fondée en 1855 et nommée d'après le président d'alors, M. Pretorius. Elle n'est toutefois devenue la capitale qu'en 1864. Elle est bâtie en échiquier, comme les villes américaines, et les terrains qui représentent les cases sont divisés en parcelles de 36 mètres de large sur 76 de profondeur et qu'on appelle *erf*. Plus tard, dans les rues commerçantes, ces parcelles ont été morcelées suivant les besoins et l'augmentation des prix du terrain.

Presque toutes les maisons d'habitation n'ont qu'un rez-de-chaussée et sont entourées de jardins. Les rues sont bordées d'arbres (eucalyptus, peupliers, saules) et de haies de rosiers ou de grenadiers presque toujours en fleur. Dans les rues coulent des ruisseaux dérivés de la rivière et qui servent à l'alimentation et à l'arrosage de la ville. La végétation luxuriante de Pretoria tranche agréablement sur les terrains dénudés ou couverts d'une herbe maigre qui entourent la ville.

Pretoria est le siège de l'Assemblée législative, du gouvernement, de l'administration centrale, de la haute Cour, de l'Agence britannique, des consulats généraux de Portugal et des Pays-Bas, et des consulats de Belgique, de France, de Suisse et d'Allemagne. C'est à Pretoria que convergent toutes les lignes télégraphiques du pays et la plupart des services postaux.

Elle possède deux églises protestantes, une chapelle et un couvent catholiques, deux églises anglaises, une église des missions protestantes, quatre banques anglaises, une banque hypothécaire hollandaise, cinq hôtels, plusieurs pensions bourgeoises, un club cosmopolite et un club anglais.

Avant 1876, la population de Pretoria ne s'est accrue que fort lentement. Pendant l'occupation anglaise, de 1876 à 1881, la présence d'un état-major nombreux et d'une garnison qu'il fallait approvisionner, attira quantité de commerçants et de fournisseurs qui quittèrent, toutefois, le pays après la rétrocession, pour y revenir plus nombreux lors de la découverte des mines d'or.

Il est difficile, à défaut de recensement, de donner, même approximativement, le chiffre de la population actuelle de

Pretoria. Le dernier livre d'adresses cite le nom de 1 241 célibataires et chefs de famille de race blanche, tandis qu'il n'y en avait que 504 inscrits dans celui de 1881. D'aucuns évaluent la population blanche à environ 4 000 habitants.

La capitale de la République Sud-Africaine est pauvre en édifices publics. A l'exception du tribunal de bailliage, des bureaux des postes et télégraphes de construction récente, toutes les autres administrations sont mal logées; mais le gouvernement fait bâtir sur la place centrale un édifice vaste et monumental qui coûtera plus de 2 millions de francs, où seront réunis les locaux pour l'Assemblée législative et tous les bureaux du gouvernement. La caserne d'artillerie et la prison datent de l'occupation anglaise et sont des plus primitives.

L'instruction est donnée, à Pretoria, dans une école de l'État à laquelle sont attachés des cours normaux, dans trois écoles congréganistes anglaises, une école catholique et plusieurs institutions particulières.

Pretoria possède de nombreux magasins où on peut se procurer des matériaux de construction, meubles, objets usuels et provisions dont les prix sont, toutefois, le double de ceux d'Europe, par suite des frais de transport et des bénéfices souvent trop élevés que les commerçants cherchent à réaliser.

Un marché à la criée se tient tous les matins, et on peut s'y approvisionner de légumes, de fruits, de volailles, de grains, de bois et d'autres provisions.

Une vente à la criée a lieu également tous les samedis pour le bétail, les chevaux, voitures, meubles, etc.

Le prix des terrains à Pretoria varie suivant les quartiers. Dans les faubourgs, un *erf* se vend 2 500 francs environ. La valeur en augmente à mesure qu'on se rapproche du centre de la ville, près de la place de l'église et de l'hôtel du gouvernement, où les terrains bâtis et non bâtis se vendent, suivant la situation, de 10 à 50 francs le mètre carré. Un propriétaire vient même de refuser 200 000 francs pour 2 000 mètres carrés de terrains derrière le nouvel hôtel du gouvernement, tandis qu'il y a peu d'années, on trouvait des terrains à choisir pour 3 ou 400 francs par erf.

Les loyers y sont, par suite, très chers, et il n'est guère possible pour une famille de se loger convenablement à moins de 250 francs par mois.

En fait de réjouissances publiques, Pretoria possède deux salles de concert et de théâtre, où des troupes de passage viennent jouer de temps en temps — nous nous dispenserons de dire comment, car on n'est pas difficile en Afrique — les derniers succès de Londres ou les opérettes d'Offenbach, Lecocq ou Hervé, en anglais. On supplée à cette absence de distractions régulières par des bals particuliers ou par souscription, des parties de lawn-tennis, de croquet, des pique-niques et des courses les jours de grande fête.

Pretoria est à une demi-journée de route de Johannesburg, à trois jours de Kimberley, à trois jours et demi de Ladysmith et de Barberton.

JOHANNESBURG

Bien qu'administrativement, Johannesburg fasse partie du district de Pretoria, cette ville est, à vrai dire, le chef-lieu des mines d'or de Witwatersrand qui s'étendent sur les districts de Pretoria, Heidelberg, Potchefstroom et Rustenburg. Elle est de fondation toute récente et bâtie en grande partie sur les terrains de la ferme domaniale de Randjeslaagte.

Lorsque, au mois de septembre 1886, plusieurs fermes longeant la rangée de collines qui porte le nom de Witwatersrand, furent ouvertes aux explorateurs, les mineurs s'y portèrent en foule pour s'en assurer une parcelle, moyennant redevance bien entendu.

Il n'existait à cette époque, sur une ferme voisine de

Randjeslaagte, qu'une trentaine de tentes et de maisons en fer et en roseaux, dont une dizaine de cabarets, et formant ce qu'on appelait le camp Ferreira, du nom du premier explorateur. La population pouvait être de 3 ou 400 mineurs, trafiquants et chercheurs d'or dont la plupart n'avaient pour tout abri que leur charrette. Dans une autre ferme, celle de Langlaagte, une centaine de mineurs s'étaient établis, broyant, avec quelques batteries à bras appelées *dollies*, des morceaux de quartz aurifère recueillis aux environs.

Peu de temps après le gouvernement mit en adjudication, par parcelles nommées *stands*, le droit d'occupation, pour une période de 99 ans, des terrains de la ferme domaniale de Randjeslaagte, après y avoir tracé des rues et des places. Il y transporta en même temps tous les services publics : postes, télégraphes, commissariat des mines, douanes, tribunal, installés auparavant, tant bien que mal, dans le camp Ferreira. Les 700 premiers stands de la nouvelle ville de Johannesburg offerts à bail le 18 décembre 1886 furent adjugés à des prix variant de 1 fr. 25 à 5 000 francs suivant leur situation. Ils se revendirent peu de temps après de 30 francs à 20 000 francs. Johannesburg devint dès lors le centre des affaires où vint se grouper toute la population éparse aux alentours.

La ville s'accrut avec une rapidité extraordinaire. A la fin de décembre 1886, elle n'avait qu'une seule rue d'occupée. Quatre mois après, trois rues principales traversaient la ville d'un bout à l'autre et il y avait deux hôtels et deux banques. Un théâtre et une salle de concert étaient en voie de construction. Il est vrai que toutes les maisons étaient fort sommaires, généralement en plaques de tôle ou en briques non cuites, mais il s'agissait avant tout de parer aux nécessités de plus en plus impérieuses du moment. Et elles étaient grandes, car pendant le mois de mars 1887 il avait été délivré par le commissaire des mines 4 766 licences ou permis d'exploration, et 2 414 licences de mineurs, ce qui donnait déjà un chiffre de

7 000 individus pour la population minière active, sans compter les commerçants, spéculateurs, courtiers, artisans, cabaretiers et nègres, qu'il fallait approvisionner. D'ailleurs, tous les matins, une cinquantaine de charrettes traînées par six ou huit paires de bœufs venaient déverser sur le marché leur contenu de grain, de victuailles, de bois, qui se vendait à des prix fabuleux.

Une nouvelle vente de 900 emplacements urbains eut lieu au mois de juin 1887 et les prix atteignirent des chiffres inconnus jusqu'alors. Trois journaux étaient venus, dans l'intervalle, jeter leurs lumières sur la population, tandis qu'une bourse et un club se préparaient à ouvrir leurs portes. Des églises étaient aussi commencées pour les communautés catholique, anglicane, wesleyenne et réformée hollandaise.

Les découvertes faites de tous côtés ayant attiré de nouveaux capitaux et fait naître de nouvelles entreprises, la population s'accrut dans des proportions considérables; les maisons provisoires firent place à des constructions solides et confortables, surtout à la suite des fortes pluies de l'été dernier qui en abattirent des rangées entières; — les vides qui existaient dans les rues se comblèrent.

Le 21 septembre 1887, la ville fêta en grande pompe le premier anniversaire de sa fondation. Un des journaux locaux rappelait à cette occasion que la première vente d'emplacements dans la ville avait rapporté au gouvernement 325 025 francs et celle du mois de janvier 1887, 498 025 francs, indépendamment de la redevance mensuelle qu'il en retirait. Le marché à la criée, qui avait été ouvert le 1er février 1887 et où on n'avait vendu au début que pour 21 150 francs par mois, produisait en septembre 214 400 francs. Le total des ventes du 1er février au 30 septembre avait été de 1 250 000 francs. A cette époque les ventes se faisaient en plein vent, mais aujourd'hui un vaste marché couvert avec étal abrite marchands et acheteurs.

Il existait à la même époque quatre hôtels, qui étaient insuffisants puisqu'il fallait entamer une lutte en règle pour conquérir une place à table et être satisfait la nuit d'un matelas, quand il y en avait de reste, dans un corridor ou sur le billard. Deux clubs et une centaine de cantines patentées regorgeaient de consommateurs du matin au soir.

Le bailli, le commissaire des mines, les postes, les télégraphes devaient encore se contenter d'une installation provisoire, mais le gouvernement allait dépenser 250 000 francs pour les loger convenablement. La prison avait aussi besoin de quelque amélioration. Lorsque nous l'avons vue, dans le courant de septembre 1887, elle consistait en une simple hutte en terre couverte en chaume, devant laquelle les prisonniers, des nègres pour la plupart, se chauffaient au soleil sous les yeux d'un ou deux agents de police. Contre le mur se dressait une espèce de cadre sur lequel on attachait les noirs condamnés au fouet pour quelque délit et qui étaient fustigés le matin de bonne heure, en pleine rue.

La prison est maintenant un édifice imposant, entourée de murs, avec 18 cellules, préaux, cours, maison pour le directeur et les gardiens, dont la construction a coûté une centaine de mille francs.

La première pierre d'un nouvel hôpital, pour une centaine de lits, a été posée le 30 mars 1889 par le vice-président de la République. Les frais en sont estimés à 500 000 francs, qui seront couverts au moyen de subventions du gouvernement et de souscriptions particulières. L'hôpital provisoire actuel, ouvert au mois d'août 1888, ne peut recevoir qu'une quarantaine de patients. Les bâtiments qu'il occupe seront plus tard réservés aux nègres. Depuis son ouverture, 300 malades environ ont été traités dans l'établissement.

La Bourse est aujourd'hui terminée et est devenue le centre de transactions importantes.

Les différentes sectes religieuses ont chacune leur lieu de

réunion : les protestants hollandais, une église avec 300 places ; les catholiques, une chapelle avec presbytère et salle d'école ; les anglicans, une église pour 500 fidèles ; les presbytériens, les wesleyens et les israélites, chacun leur temple.

La ville de Johannesburg comprend actuellement la cité proprement dite avec environ 3 000 stands ou lots de terrain bâtis ou à bâtir, et les faubourgs de *Marshalls township*, avec un millier de stands, *Doornfontein* avec 500 stands, le *Natal camp* avec 300 stands, *Booysen's township* avec 500 stands, en tout plus de 5 000 parcelles de terrain de 225 à 300 mètres carrés, vendues depuis deux ans.

La dernière adjudication de stands, qui a eu lieu au mois de février 1889, a rapporté au gouvernement 3 800 000 francs, soit 3 800 francs par stand, rien que pour le droit d'occupation pendant quatre-vingt-dix-neuf ans, en dehors du loyer mensuel de 12 fr. 50.

Une compagnie alimente la ville d'eau au moyen de conduits dans les rues et une usine à gaz va prochainement être construite pour éclairer la ville ; Johannesburg, comme les autres villes du Transvaal, étant plongée la nuit dans l'obscurité la plus complète.

Johannesburg est avant tout une ville d'affaires, très mouvementée, où on trouve toutes les nécessités de la vie, mais peu de confort. La ville est bâtie sur le versant sud des collines de Witwatersrand, aux confins d'une vaste plaine souvent balayée par des vents violents qui soulèvent des nuages de poussière. Elle est à près de 1 600 mètres d'altitude, complètement dépourvue de végétation, et le froid s'y fait vivement sentir en hiver.

Elle est à cinq heures et demie de Pretoria, avec laquelle elle est en communication au moyen de cinq voitures publiques par jour, à deux jours et demie de Kimberley et à trois jours de Natal en malle-poste. Des cabs circulent dans la ville et des voitures publiques rayonnent aux environs.

Pour donner une idée de l'importance de ce centre minier, voici quelle a été la valeur des importations déclarées à Johannesburg en 1888 :

Marchandises générales	24 142 125 francs.
Machines et accessoires	4 013 625
	28 155 750 francs,

soit un peu moins de la moitié des importations totales du pays.

On estime la population de Johannesburg à 25 000 âmes.

BARBERTON

Barberton, le centre des exploitations aurifères de la vallée du Kaap, dans le district de Lydenburg, n'a pas encore quatre ans d'existence. Elle doit son nom à Graham Barber, colon de Natal, un des premiers mineurs qui se hasardèrent à explorer cette partie de la contrée réputée malsaine, et qui fut assez heureux de découvrir un filon de quartz aurifère nommé, également d'après lui, Barber's reef.

Cette découverte ayant été suivie de beaucoup d'autres dans la même région, les mineurs quittèrent en grand nombre les champs d'or voisins pour tenter la fortune dans l'immense étendue de terrains domaniaux, que le gouvernement ne tarda pas à proclamer ouverte aux recherches de métaux précieux et qui est connue sous le nom de Champ d'or du Kaap.

Bientôt on vit s'élever de tous côtés des tentes, des paillotes, des huttes qui se transformèrent, la fortune aidant, en maisons en bois, en briques et en fer. Au mois de juillet 1886, Barberton ne possédait qu'une trentaine d'habitations convenables et autant de cabanes de toutes formes. Mais, avant la fin de la même année, on vit surgir 6 hôtels, 46 débits de boissons, 12 grands magasins, 21 boutiques, sans compter une dizaine de détaillants sous des tentes. Les concessions de *stands* (terrains de 15 mètres de côté) dans la ville atteignaient alors les prix fabuleux de 150 à 800 £ (3 750 à 20 000 francs). La population sédentaire était, à cette époque, de 600 seulement, mais il y avait une population flottante de 5 000 individus, mineurs, chercheurs d'or, ouvriers et commerçants aux alentours.

Un hôpital, modeste d'abord, et ensuite plus vaste et mieux aménagé, fut construit dans la partie la plus saine de la ville, en même temps qu'une bourse servant tour à tour, à l'occasion, de lieu de réunions mondaines et religieuses.

Les pasteurs de l'église anglaise, congréganistes et wesleyens, obligés de se contenter au début de la place publique pour faire leurs sermons, eurent bientôt leur temple, ainsi que les catholiques et les protestants hollandais.

Les plaisirs ne furent néanmoins pas oubliés et au commencement de décembre 1886 on posait la première pierre d'un nouveau music hall et un club était près d'être achevé. On parlait aussi de construire une salle de théâtre pouvant contenir 500 spectateurs et dont les frais étaient évalués à 6 000 £ (150 000 francs).

L'affluence des étrangers continua encore pendant quelque temps et de nouvelles concessions de terrains à bâtir furent données, bien qu'il en ait été vendu 3 000 dans les limites de la ville.

Nous n'oserions affirmer que la moralité se soit accrue en même temps que la population. Du moins pendant le 1er trimestre 1887, les journaux locaux le disent, 258 ivrognes de race blanche étaient ramassés dans les rues de Barberton, 40 blancs étaient traduits en police correctionnelle pour coups et blessures, 32 pour bruit nocturne, 11 pour vagabondage et 47 pour d'autres délits; tandis que les nègres, au moins aussi nombreux que les blancs, ne fournissaient à la statistique judiciaire pour la même période que 27 ivrognes, 17 querelleurs, 37 voleurs et 45 vagabonds.

Bientôt une réaction commença à se faire sentir. Nombre de compagnies minières ne réalisèrent pas les brillantes promesses prodiguées par leurs promoteurs et la faible somme réservée sur le capital pour l'exploitation, après le prélèvement de la part du lion pour les vendeurs et promoteurs, fut épuisée avant qu'on ne soit arrivé à obtenir des résultats palpables. Les fonds firent alors défaut, les travaux furent arrêtés, les ouvriers ne trouvèrent plus d'occupations. Le commerce, naturellement, se ressentit de ce malaise; il dut écouler à tout prix son stock de marchandises pour faire face à ses engagements. Enfin les dernières nouvelles qui nous parviennent de Barberton disent qu'il y a une stagnation complète dans les affaires; que quantité de magasins et de cantines ont dû fermer, et que les autres ont de la peine à faire leurs frais; que les ventes au marché sont devenues insignifiantes (il y eut un temps où une fraise se vendait 1 franc, un sac de pommes de terre 200 francs); enfin, qu'un des quatre organes publics que possédait Barberton a dû vendre son matériel à l'encan.

Depuis 1887 le gouvernement a remplacé les bâtiments sommaires destinés aux services publics par des constructions vastes et spacieuses qui n'ont point coûté moins de 10 000 £. La Banque de Natal et la Standard Bank of South Africa y ont également depuis longtemps une succursale.

Barberton est à 900 mètres au-dessus du niveau de la mer, adossée au versant septentrional des monts Saddle-Back, sur un des affluents de la Kaap River. Elle est à 762 kilomètres de Durban, par Ladysmith, Newcastle et Komati, à 257 kilomètres de Delagoa Bay, à 372 kilomètres de Pretoria par Middelburg, à 420 kilomètres de Johannesburg par Pretoria, et à 1 918 kilomètres de Kimberley par Johannesburg et Pretoria. Des services bi-hebdomaires de malles-poste mettent Barberton en communication avec Ladysmith (terminus du chemin de fer de Natal) et Kimberley par Pretoria. Il n'y en a aucun sur Delagoa Bay.

Barberton porte actuellement la peine de l'incapacité, de la mauvaise foi et de l'incurie de la majorité des promoteurs et directeurs des compagnies fondées pour l'exploitation des mines d'or qui l'entourent. Ils n'avaient qu'un but : faire de l'argent à tout prix et malheureusement ils n'étaient que trop souvent secondés dans leurs spéculations effrénées par de prétendus ingénieurs dont le seul titre était généralement celui de F. R. G. S. (fellow Royal Geographical Society), qui faisaient des rapports les plus alléchants sur les entreprises à lancer, quoiqu'ils ignorassent les premiers éléments de l'exploitation des mines et se rendissent encore moins compte des difficultés qu'elle rencontre dans la vallée du Kaap.

Il est, toutefois, certain que le jour où des gens sérieux et capables prendront en main l'exploitation des mines de Barberton avec la ferme résolution de lutter corps à corps avec les difficultés à vaincre, Barberton verra renaître son ancienne splendeur. Mais il faut aussi pour cela que la ville soit en communication directe avec la mer, de façon à réduire les frais de transport qui pèsent trop lourdement sur les entreprises du district de Lydenburg, entravent leur développement et les mettent dans une situation d'infériorité marquée par rapport aux mines de Witwatersrand.

Les autres centres de la population de la République Sud-Africaine ne méritent guère une description particulière. Ils se composent d'une centaine de maisons au plus avec de rares magasins, quelquefois un hôtel, groupés souvent autour d'une église. Dans les chefs-lieux viennent s'y ajouter la maison du bailli, ses bureaux et la prison. Ces bourgades ne prennent quelque animation que trois ou quatre fois par an, lorsque les fermiers des environs viennent avec leur famille prendre part à la communion, écouler leurs produits et faire leurs emplettes.

Ces centres sont :

Pour le district de *Heidelberg* : *Heidelberg*, le chef-lieu ; *Boksburg*, où d'importantes mines de charbon ont été découvertes ; *Elsburg*, qui prendront tous trois certainement du développement grâce à l'industrie minière ;

Pour le district de *Lydenburg* : *Lydenburg*, le chef-lieu de l'ancienne capitale de la République de ce nom ; *Eureka-City*, *Jamestown*, dans la vallée du Kaap ; *Steynsdorp*, le chef-lieu de la région aurifère de Komati ; *Pelgrimsrest*, jadis célèbre pour ses dépôts d'alluvions, le *Duivelskantoor*, à l'entrée de la vallée du Kaap ;

Pour le district de *Marico* : outre *Zeerust*, le chef-lieu, Ottoshoop, le centre des mines de Malmani ;

Pour le district de *Potchefstroom* : *Potchefstroom*, le chef-lieu, *Krugersdorp*, *Ventersdorp*, *Venterskroon*, *Klerksdorp*, autour desquels de riches filons aurifères ont été trouvés ;

Pour le district de *Rustenburg* : *Rustenburg*, le chef-lieu, et Blaauwbank, où des mines d'or sont exploitées depuis longtemps ;

Pour le district de *Standerton* : le chef-lieu et Bethal ;

Pour le distict d'*Utrecht* : Utrecht et Luneburg, le centre d'une population de race germanique établie depuis longtemps dans le pays ;

Pour le district de *Wakkerstroom* : Martinus-Wesselstroom, le chef-lieu, et Amersfoort ;

Pour le district de *Waterberg* : le chef-lieu Nijlstroom ;

Pour le district de *Zoutpansberg* : *Pietersburg*, le chef-lieu, les centres miniers de *Smitsdorp*, *Marabastadt*, *Haenertsburg* et les établissements des missions suisses aux *Spelonken*.

Les autres districts n'ont que leur chef-lieu qui mérite d'être mentionné.

GOUVERNEMENT, ADMINISTRATION
JUSTICE, FORCE ARMÉE

Le gouvernement de la République Sud-Africaine a une forme républicaine constitutionnelle.

Le pouvoir législatif appartient à une Assemblée nationale (*Volksraad*) composée de 36 membres élus, dans les différents districts pour quatre ans, par les citoyens jouissant des droits politiques. Le Volksraad a seul l'initiative des lois, mais délègue généralement ses pouvoirs, à la fin de chaque session, au gouvernement qui peut alors prendre des arrêtés ayant force de loi jusqu'à ce qu'ils soient approuvés ou rapportés pendant la session suivante. Le Volksraad se réunit chaque année, dans les premiers jours de mai, en session ordinaire, pour une période de deux ou trois mois. Il peut aussi, en cas d'urgence, être convoqué en session extraordinaire par le gouvernement. Pour être éligible comme membre du Volksraad, il faut être né dans le pays ou avoir été électeur pendant au moins quinze ans, appartenir à l'église réformée, être âgé d'au moins trente ans, avoir son domicile dans le pays et y posséder des immeubles. Les membres du Volksraad reçoivent une allocation de 50 francs par jour pendant la durée de la session.

Le pouvoir exécutif est confié au président de la République, qui est assisté d'un *Conseil exécutif*, formé d'un vice-président, du commandant général, d'un autre membre et du secrétaire d'État.

Ce Conseil exécutif concentre entre ses mains la gestion de toutes les affaires de l'État tant à l'intérieur qu'à l'extérieur, veille à l'exécution des lois, rend les arrêtés pour leur application, nomme à tous les emplois tant civils que judiciaires sous la réserve de l'approbation du Volksraad, et correspond avec les puissances étrangères soit directement, soit par l'intermédiaire de ses représentants à l'étranger ou des représentants des puissances étrangères à Pretoria.

Le président de la République est élu par le suffrage direct pour cinq ans et est rééligible; les autres membres du Conseil exécutif sont élus par le Volksraad pour trois ans, et le secrétaire d'État pour cinq ans.

Le Conseil est assisté d'un *procureur d'État* (Staats procureur), qui est à la fois chef du parquet et conseiller du gouvernement et des pouvoirs publics dans toutes les affaires contentieuses.

L'Administration centrale comprend, outre le secrétaire d'État qui est à la tête des bureaux du gouvernement, un *surintendant des affaires indigènes*, qui a sous ses ordres des commissaires et aides-commissaires de naturels dans tous les districts, un *auditeur général*, chargé de l'administration et du contrôle des revenus publics et des finances, un *trésorier général*, un *chef du département des télégraphes*, chargé de la construction et de l'exploitation des lignes, un *directeur général des postes*, un *arpenteur général*, chargé de l'arpentage des terrains domaniaux, du dépôt des cartes et plans et des travaux hydrographiques, trigonométriques et cadastraux, un *inspecteur des douanes*, un *chef du département des mines*, un *directeur de l'enregistrement*, un *surintendant de l'instruction publique*, un *directeur de la chambre des orphelins*, chargé du contrôle et de l'administration, des successions, tutelles et curatelles. Tous ces chefs de service doivent compte de leur gestion au Conseil exécutif.

Au point de vue administratif, le pays est divisé en districts et ceux-ci en subdivisions de districts (*wijken*). Les districts sont administrés par les baillis (*landdrosten*). Outre les pouvoirs administratifs dont ils sont revêtus, les baillis remplissent les fonctions d'officiers de l'état civil, perçoivent les impôts et sont revêtus, dans une certaine mesure, des pouvoirs judiciaires attribués en Europe aux juges de paix et aux juges de première instance. Les baillis sont élus par les citoyens jouissant de leurs droits politiques, sur une proposition de deux candidats par le Conseil exécutif.

Dans les régions aurifères distraites des districts dont elles faisaient partie, il a été institué des *baillis spéciaux* ayant les mêmes attributions que les baillis, mais dont la juridiction ne s'étend pas au delà de la région pour laquelle ils ont été nommés.

A la tête des subdivisions de districts se trouvent les cornettes (*veldcornetten*) et les cornettes-adjoints (*assistent veldcornetten*) qui veillent, sous les ordres des baillis, à la rentrée des impôts, à l'administration de leur subdivision, à l'entretien des routes, au maintien de l'ordre. Ils font aussi le service de la police urbaine. Les cornettes et les adjoints sont élus à la majorité des suffrages par les habitants de race blanche de leur subdivision.

Une loi récente a prescrit l'établissement dans chaque district d'un conseil de district (*districtsraden*), présidé par le bailli et composé d'autant de membres qu'il y a de subdivisions dans le district. Les membres sont élus pour trois ans. Ces conseils ont uniquement, dans leurs attributions, l'entretien et la surveillance des routes et l'amélioration des voies de communication.

Bien qu'il y ait une loi réglant l'organisation des municipalités, il n'existe, à proprement parler, qu'une seule administration communale dans le pays, celle de Potchefstroom. Les baillis remplissent, pour les autres villes et villages, les fonctions attribuées aux maires et aux conseils municipaux en Europe.

La justice est administrée, dans les districts et dans les régions aurifères, par les baillis et baillis spéciaux qui prononcent, en matière civile, jusqu'à une certaine valeur et jugent les contraventions de police, les infractions et les délits.

Chaque année les juges, composant la haute Cour, vont à tour de rôle siéger au chef-lieu des différents districts pour statuer, en appel, sur les jugements des baillis et en première instance sur les affaires civiles ou criminelles qui leur sont déférées ou qui sont de leur ressort. Ce tribunal porte le nom de cour ambulante (*Rondgaand hof*).

La haute Cour, qui siège à Pretoria, est composée d'un chef-juge (*hoofdrechter*) et de quatre juges. Elle statue en appel, pourvu que deux juges au moins soient présents, sur les jugements rendus par les juges ambulants ou par un des juges de la Cour, siégeant séparément et en premier et dernier ressort; sur les affaires civiles qui lui sont déférées volontairement par les parties.

Dans toutes les affaires criminelles siège un jury, qui prononce sur la culpabilité de l'inculpé.

Indépendamment d'un corps de lois édictées par les assemblées qui se sont succédé depuis 1849, et qui a été publié récemment sous la haute direction du chef-juge, la base de la jurisprudence, tant civile que criminelle, est le droit hollandais, dit romain-hollandais, antérieur à l'introduction des codes français dans les Pays-Bas, avec la forme de procéder anglaise qui a pénétré dans le pays par les colonies voisines.

A l'exception d'un corps d'artillerie stationné à Pretoria,

composé de cinq officiers et d'une soixantaine d'hommes, et principalement employé au service d'escorte de police et d'estafette, la République Sud-Africaine ne possède aucune armée régulière.

Par contre, en cas de guerre, tous les citoyens valides de 16 à 60 ans peuvent être appelés sous les armes. Ceux qui sont exemptés ou dispensés du service en raison de leurs fonctions ou de leur situation doivent, en cas de mobilisation, payer une taxe de guerre fixée par une commission spéciale. La mobilisation peut être aussi partielle, par district.

Les hommes mobilisés se réunissent autour du *cornette* de leur région (le même fonctionnaire dont nous avons parlé tout à l'heure); — toutes les cornettes d'un district forment le *commando*, placé sous les ordres d'un commandant élu par les hommes mobilisables, et les commandants relèvent du commandant général, chef des forces armées du pays.

Au point de vue de la mobilisation, les hommes valides forment trois bans qui sont appelés successivement suivant les besoins de la défense. Le premier ban comprend les hommes de 18 à 34 ans, le second ceux de 34 à 50 et le troisième ceux de moins de 18 ans ou de plus de 50 ans. Les trois bans réunis, non compris les étrangers qui sont exemptés du service personnel, forment un corps d'armée de 8 à 10 000 hommes, tous cavaliers et tireurs de premier ordre. Chaque homme convoqué doit se présenter muni d'un cheval, d'un fusil, de trente cartouches et de provisions pour trois jours, le tout à ses frais. Il est approvisionné ensuite aux frais de l'État. Les hommes ne reçoivent aucune solde, mais ils ont droit, après quelques prélèvements, aux trois quarts du butin, le dernier quart étant acquis à l'État pour les frais de guerre.

Dans chaque centre important, un corps de police à pied ou monté et composé de blancs et de nègres est chargé du maintien de l'ordre.

Les étrangers de race blanche établis dans le pays jouissent absolument des mêmes droits et ne paient pas d'autres impôts que les citoyens. Ils peuvent donc faire le commerce, acquérir des propriétés, ester en justice, disposer de leurs biens et exercer toutes les professions en se conformant aux lois du pays. Ils ne peuvent, toutefois, jouir des droits politiques que par la naturalisation. Les Français, les Anglais, les Allemands, les Portugais, les Suisses, et les Italiens sont, de plus, en vertu des traités, exempts du service personnel.

Le gouvernement de la République Sud-Africaine se compose actuellement de :

Son Excellence M. S. J. P. Kruger, *Président de la République pour la deuxième fois.*

Conseil exécutif.

MM. N. Smit, *vice-président.*
P.-J. Joubert, *commandant général et surintendant des affaires indigènes, membre.*
J.-M.-A. Wolmarans, *membre.*
Dr W.-J. Leyds, *secrétaire d'État.*

Chefs de service.

MM. le Dr Krause, *procureur d'État.*
J.-S. Marais, *auditeur général.*
J.-Boshof, *trésorier général.*
C.-K. van Trotsenburg, *directeur général des télégraphes.*
J. van Alphen, *directeur général des postes.*
G.-R. von Wielligh, *arpenteur général.*
E.-H. de Waal, *inspecteur des douanes.*
C.-J. Joubert, *chef du département des mines.*
H. Stiemens, *surintendant de l'instruction publique ad int.*
J.-P.-L. van Nikkelen Kuiper, *directeur de la chambre des orphelins.*
J. Minnaar, *directeur de l'enregistrement.*

Haute Cour.

MM. J.-G. Kotzé, *chef-juge.*
E. Esselen
Dr S.-G. Jorissen } *juges.*
B. de Korte

Bailli de Pretoria.

M. J.-S. Smit.

SITUATION FINANCIÈRE

L'exposé de la situation financière de la République Sud-Africaine est maintenant une œuvre des plus aisées. Point n'est besoin, comme on l'a fait jadis, de grouper savamment les chiffres pour cacher le vide des caisses et la difficulté sinon l'impossibilité de la rentrée des impôts. Les faits sont là, indéniables, et, ce qui vaut encore mieux, l'argent est là, sous nos yeux, en bonnes espèces sonnantes et trébuchantes déposées à la Banque sous la forme de 276 000 livres sterling qui forment l'excédent en caisse des recettes sur les dépenses au 31 décembre 1888. Tel est le résultat de la découverte des mines d'or de la République Sud-Africaine, des progrès et de la prospérité qui en ont été les conséquences.

Si nous nous reportons, au contraire, à trois ans en arrière, nous voyons les caisses à sec, le gouvernement sans crédit, à bout d'expédients pour se procurer de l'argent, les fonctionnaires peu ou point payés menaçant d'abandonner leurs postes, les impôts se chiffrant par des milliers de livres sterling... d'arriéré non recouvrable, les propriétés sans valeur, le commerce nul. La nouvelle de la découverte de riches gisements aurifères dans la vallée du Kaap, en attirant nombre d'étrangers et des capitaux puissants, a changé tout cela comme d'un coup de baguette magique : les caisses vides se sont remplies à déborder; le gouvernement, ne sachant que faire de son argent, l'a mis comme une ménagère prévoyante dans un bas de laine; les fonctionnaires grassement rétribués, de pauvres hères qu'ils étaient, sont devenus opulents; les impôts rentrent régulièrement et l'arriéré est réduit à sa plus simple expression; les propriétés qui se vendaient à des prix dérisoires (on pouvait acheter une ferme de 3 000 hectares pour quelques centaines de francs) atteignent maintenant des prix souvent extravagants; le commerce se chiffre par millions de francs et va toujours en augmentant.

Revenus et Dépenses depuis 1871.

EXERCICES.	REVENUS non compris les RECETTES SPÉCIALES.	DÉPENSES non compris les DÉPENSES SPÉCIALES.
	francs.	francs.
1er août 1871 au 31 juillet 1872.	1 024 700	892 850
1er août 1872 au 31 janvier 1873.	1 080 975	1 045 300
1er février 1873 — 1874.	1 232 950	1 137 025
— 1874 — 1875.	1 463 825	1 544 600
— 1875 — 1876.	1 614 550	1 734 850
— 1876 — 1877.	1 569 050	1 612 600
— 1877 au 12 avril 1877. .	643 800	430 875
12 avril 1877 au 31 décembre 1877.	1 353 175	1 752 325
1878	1 918 600	2 226 575
1879	2 335 200	4 439 875
1880	4 351 700	3 623 550
1er janvier au 14 octobre 1881. (administration anglaise) . . .	633 150	4 669 925
8 août au 31 déc. 1881. (République.)	947 675	836 050
1882	4 435 150	2 866 900
1883	3 583 075	4 608 575
1er avril 1884 au 31 mars 1885. .	4 039 875	4 620 550
— 1885 — 1886. .	4 446 900	4 067 700
1886	6 260 450	5 020 600
1887	15 943 725	14 870 850
1888	21 581 650	16 807 250

Le tableau précédent des recettes et des dépenses de la République Sud-Africaine ne fait ressortir que faiblement les différentes péripéties de cette lutte incessante d'un pays jeune, à peine peuplé et sans ressources, contre les difficultés qui l'étreignaient. En effet, les recettes comprennent aussi le produit des emprunts contractés à différentes époques ainsi que les subventions du Trésor anglais pendant l'occupation.

Si nous examinons maintenant en détail les ressources et les dépenses de l'État, nous voyons qu'elles comprennent les articles suivants :

Recettes.

NATURE DES RECETTES.	1886	1887	1888
	francs.	francs.	francs.
Droits de douane.	1 618 750	4 877 225	6 264 350
Loyers de terrains.	31 050	31 925	73 450
Impôt foncier	548 450	992 100	578 675
Droits de mutation et de transfert.	459 625	1 204 550	1 787 100
Droits de vente.	9 700	26 400	61 425
Licences ou patentes	309 675	674 050	1 154 850
Timbre	438 075	798 350	1 365 450
Contribution personnelle. . . .	60 825	75 100	100 325
Contribution pour le chem. de fer.	420 825	686 250	350 100
Taxe pour les routes.	94 600	134 450	157 900
Taxe des chaumières.	669 725	1 013 300	1 057 025
Postes et télégraphes.	260 975	786 025	1 424 725
Vente de munitions.	108 400	100 375	121 175
Revenus des mines.	941 875	4 075 175	6 100 075
Ventes d'immeubles.	119 525	70 900	236 150
Intérêts de capitaux placés. . .	19 975	121 425	250 250
Amendes	74 550	139 675	268 350
Fourrières, marchés et diverses.	73 850	136 450	230 275
	6 260 450	15 943 725	21 581 650
Recettes spéciales.	1 048 375	767 100	529 350
	7 308 825	16 710 825	22 111 000

Nous avons dit que l'ère de prospérité financière s'est ouverte en 1886. Voici, exprimée en chiffres, dans quelle proportion le surplus des recettes s'est accru.

L'excédent en caisse des recettes sur les dépenses a été constaté pour la première fois le 1er avril 1886.

Il était alors de	34 350	francs.
Le 1er janvier 1887 il atteignait. . .	1 811 350	—
Le 1er janvier 1888	2 866 975	—
Le 1er avril 1888.	5 144 175	—
Le 1er juillet 1888.	6 607 725	—
Le 1er octobre 1888.	6 853 375	—
Le 1er janvier 1889.	6 900 175	—

Il n'est sans doute pas sans intérêt de donner quelques détails sur la nature des taxes perçues dans la République Sud-Africaine.

Droits de douane. — Les droits de douane forment la plus importante source de revenus du pays. Ils sont perçus en vertu d'un tarif qui frappe toutes les marchandises importées, à l'exception des machines, d'un droit uniforme de 5 p. 100 de la valeur et aussi quelques-unes d'entre elles d'un droit spécifique variable. Les machines et accessoires paient un droit unique de 1/2 p. 100 de la valeur.

Impôt foncier. — L'impôt foncier (*recognitie*) est dû sur chaque ferme, portion de ferme ou fonds urbain. Le taux en varie de 18 à 37 francs par an et par ferme d'une étendue de moins de 3000 hectares avec augmentation de 30 francs par 1000 hectares en sus, et de 18 à 37 francs par fonds ou parcelle de fonds urbain.

Droits de transfert et de mutation. — Ils sont de 4 p. 100 de la valeur estimée ou des prix de vente des propriétés foncières pour chaque transfert ou mutation.

Droits de vente publique. — Le gouvernement ne touche qu'une faible partie de ces droits qui sont abandonnés comme salaires aux commissaires-priseurs, huissiers ou autres officiers chargés des ventes publiques. Le taux en est de 1 p. 100 pour les immeubles et de 2 1/2 p. 100 pour les meubles. Il en est de même des droits de marché où tout est vendu à l'encan.

Licences. — On entend par licences le droit accordé par le gouvernement à un particulier d'exercer une certaine profession. La taxe qu'il perçoit de ce chef est donc une véritable taxe de patente. Cette taxe est excessivement élevée ; les notaires, avoués et avocats doivent l'acquitter comme les artisans, détaillants, hôteliers, marchands et banquiers. Voici quelles sont les professions qui paient les licences les plus élevées :

Banques, pour l'établissement principal et chaque succursale . . .	3 750	fr. par an.
Débitants de vins et liqueurs. . . .	1 250	—
Compagnie pour la gestion de successions, biens, etc.	1 250	—
Marchand colporteur.	750	—
Hôtels sur les routes	625	—
Marchands de vins et liqueurs en gros et en demi-gros	625	—
Avocats.	625	—
Hôteliers dans les villes.	500	—
Taxe spéciale sur les billards. . .	500	—
Débitant de vins et liqueurs ambulant.	375	—
Notaires et agents d'affaires. . . .	250	—
Arpenteurs.	250	—
Marchands et boutiquiers.	187	—
Et une taxe proportionnelle sur le montant de leurs transactions : courtiers, comptables, teneurs de livres, etc.	187	—

Droits de timbre. — Ces taxes ne comprennent pas seulement les droits de timbre proprement dits, mais aussi les droits de greffe, de justice, d'enregistrement, de chancellerie sur les commissions des fonctionnaires civils et la taxe sur les certificats d'admission d'avocats, avoués, notaires, traducteurs, arpenteurs, médecins, pharmaciens, droits et taxes qui doivent être acquittés en timbres.

Contribution personnelle. — Elle est due par tout habitant majeur de race blanche qui ne paie pas de contribution foncière et est de 12 fr. 50 par an.

Contribution pour le chemin de fer. — Cet impôt a été établi pour payer l'intérêt de l'emprunt contracté en 1876 pour la construction du chemin de fer de Delagoa Bay à Pretoria. Il était au début de 38 francs, il n'est plus que de 12 fr. 50 par ferme, portion de ferme ou fonds urbain et pour chaque habitant mâle et majeur n'ayant aucune propriété foncière.

Taxe pour l'entretien des routes. — Chaque habitant majeur doit payer dans ce but 3 fr. 10 par an.

Taxe des chaumières. — Seul impôt que les nègres aient à acquitter. Il est de 12 fr. 50 par an et par chaumière ou hutte.

Revenu des mines. — Outre les permis ou licences d'explorateurs et de mineurs, l'État retire des mines différents profits tels que les droits d'emplacement, les redevances pour la coupe de bois, les redevances dues par les concessionnaires de mines, les droits sur les actes réclamés de ses fonctionnaires.

C'est d'ailleurs un fait indéniable que les principales ressources du Trésor proviennent directement ou indirectement des mines. Les revenus directs ont produit :

En 1888.	4 373 170	francs.
A quoi sont venus s'ajouter les revenus indirects des centres miniers, tels que les concessions de terrains et de mines. . . .	837 025	—
La redevance pour la coupe de bois.	43 300	—
A reporter	5 253 495	francs.

Report	5 253 495	francs.
Les droits de douane.	3 831 625	—
Les droits de marché.	38 800	—
Les patentes spéciales.	693 950	—
Les droits de transfert.	459 750	—
Les contributions personnelles. .	51 650	—
Les amendes, confiscations. . . .	187 905	—
Autres revenus.	111 325	—
	10 628 500	francs.

Soit près de la moitié du montant total des revenus publics.

Dépenses.

OBJET DES DÉPENSES.	1886.	1887.	1888.
	francs.	francs.	francs.
Traitements fixes	1 731 950	2 477 150	4 111 650
Pensions et retraites	14 200	15 500	18 150
Frais de perception d'impôts. .	134 800	450 300	379 975
Administration de la justice . .	111 625	155 275	243 625
Instruction	261 750	294 550	367 900
Hôpitaux.	26 050	63 775	264 050
Police et prisons	151 325	331 575	639 750
Loyers.	28 750	51 875	57 725
Frais de transport.	74 975	120 150	250 725
Postes	321 200	518 975	723 300
Télégraphes	114 925	1 141 875	1 222 775
Travaux publics	345 250	4 852 925	4 147 650
Services divers	331 775	2 169 650	2 298 100
Intérêts de la dette	651 700	618 300	592 075
Amortissements.	473 850	485 875	134 500
Allocations à des chefs indigènes.	20 025	17 275	17 625
Personnel et matériel de guerre.	203 925	1 105 825	1 337 725
Diverses.	22 225	»	»
	5 020 600	14 870 850	16 807 250
Dépenses spéciales	328 800	655 975	1 205 025
	5 349 400	15 526 825	18 012 275

Le développement des mines d'or a nécessité une augmentation considérable du personnel administratif en permettant d'augmenter le traitement de tous les fonctionnaires. Aussi les émoluments fixes, qui n'étaient en 1882 que de un million de francs environ, atteignent aujourd'hui le chiffre de 4 millions.

Les *frais de perception* des impôts ne figurent en dépenses que pour une somme de 379 000 francs; mais cela tient à ce que nombre de taxes sont perçues par les baillis ou à ce que les percepteurs reçoivent pour tout appointement un tant pour cent sur le produit de l'impôt. Il en est surtout ainsi pour les droits de douane. Avec cette rémunération, les percepteurs doivent payer tout leur personnel.

Les *travaux publics* absorbent une grande partie des revenus du Trésor. Il faut construire des bâtiments pour les services administratifs, des prisons, etc., partout où surgissent de nouveaux centres de population au fur et à mesure des nouvelles découvertes de régions aurifères. Il faut aussi, à grands frais, entretenir les routes ou en établir de nouvelles pour assurer la régularité des communications. Le gouvernement a aussi souscrit pour 1 250 000 francs au capital de la Compagnie pour la construction du chemin de fer de la frontière portugaise à Pretoria, et cette somme a été portée au chapitre des travaux publics de 1888. Les *postes et télégraphes* ont dû également recevoir une grande extension pour satisfaire aux besoins toujours croissants du trafic et des affaires.

Le *service de la dette* nécessite une dépense annuelle d'environ 625 000 francs, mais qui va en diminuant au fur et à mesure de l'amortissement. La dette publique de la République Sud-Africaine s'élevait, au 1er janvier 1889, à 9 399 975 francs et comprenait :

Le reliquat de l'emprunt 5 p. 100 à Amsterdam.	1 733 325 francs.
A reporter.	1 733 325 francs.

Report.	1 733 325	francs.
L'emprunt 6 p. 100 à la Cape Commercial Bank sur lequel il reste dû.	375 000	—
La dette nationale à l'Angleterre remboursable en 25 ans, à partir de 1884, moyennant une annuité de 6 3/80 p. 100. Cette dette sera donc éteinte en 1910.	6 250 000	—
L'emprunt 6 p. 100 à MM. Labouchère, Oyens et Cie, réduit à. .	1 041 650	—
	9 399 975	francs.

Ce dernier emprunt a été remboursé intégralement à M. Labouchère dans le courant du 1er trimestre de 1889, la dette publique n'est donc plus actuellement que de 5 358 325 francs.

Les *services divers* comprennent toutes les dépenses qui ne sont pas classées dans les autres chapitres, telles que : les frais éventuels d'augmentation de personnel; les frais d'impressions, de reliure, de fournitures de bureau; l'entretien des archives, de la bibliothèque; les dépenses imprévues et la part des propriétaires des fermes proclamées ouvertes aux explorateurs et mineurs sur le produit des licences encaissé par le gouvernement.

Enfin, sous la rubrique *Dépenses spéciales*, sont portés en compte les indemnités, compensations, dommages et intérêts, les dépenses secrètes et les dépenses extraordinaires.

ÉTABLISSEMENTS DE CRÉDIT

A défaut de banque nationale, la plupart des établissements de crédit des colonies voisines ont des succursales dans les principaux centres de population d'affaires et leurs opérations y sont d'autant plus faciles que leurs billets sont admis à la circulation dans le pays. Telles sont la *Natal Bank,* la *Standard Bank of South Africa*, la *Bank of Africa*, la *Cape of Good hope Bank*, qui, outre les opérations de banque proprement dites, font aussi des avances sur titres, sur marchandises et métaux précieux à des taux très rémunérateurs pour elles. Un établissement fondé à Pretoria par des capitalistes hollandais, la *Nederlansche Bank en Crediet vereening*, se livre aux mêmes opérations.

De nombreuses compagnies d'assurance contre l'incendie, européennes et coloniales, ont des agences dans le pays et passent des contrats à des primes variant de 3/8 à 3/4 p. 100, suivant les risques à courir.

Enfin plusieurs établissements et agences ont toujours des fonds disponibles à prêter sur hypothèque à un taux d'intérêt variant de 8 à 10 p. 100, tandis qu'il y a deux ou trois ans il était difficile de se procurer de l'argent, contre garanties hypothécaires, à moins de 12 p. 100.

COMMERCE ET INDUSTRIE

IMPORTATIONS

Le commerce du Transvaal a pris, depuis la découverte des mines d'or, un essor dont les chiffres suivants ne donnent qu'une idée imparfaite.

Les importations ont été, d'après les données officielles, d'une valeur de :

En 1883	9 188 600	francs.
En 1884	9 753 000	—
En 1885	9 785 925	—
En 1886	12 349 775	—
En 1887	40 931 975	—
En 1888	61 417 145	—

Nous disons que ces chiffres ne donnent qu'une idée imparfaite de l'importance du trafic, parce que les frontières sont si étendues et en même temps si facilement accessibles qu'avec le personnel restreint dont dispose le service des douanes la contrebande est des plus faciles.

Malgré les réductions qui ont été faites, le produit des droits de douane s'est accru dans les mêmes proportions que le montant des importations.

Il a été de :

En 1883	891 025 francs.
En 1884	943 125 —
En 1885	985 175 —
En 1886	1 534 735 —
En 1887	4 769 800 —
En 1888	6 248 050 —

Le tableau ci-après fait ressortir quels sont les articles qui ont le plus contribué à l'augmentation des importations dans la République Sud-Africaine pendant les six dernières années :

Tableau des importations de

NATURE DES MARCHANDISES.		DROITS de DOUANE.	UNITÉS.	18 VAL[illegible] QUAN[illegible]
Armes et munitions.	Fusils, pistolets et revolvers.	Par canon, 12fr,50.	Nombre.	
	Cartouches chargées.	En papier, 6fr,25 le 1000. Métalliques. 3fr,12 le 1000.	Id.	35[illegible]
	Poudre.	Le kilogr., 0fr,92.	Kilogr.	4[illegible]
	Dynamite.	Id. 0fr,23.	Id.	
Balais avec leur manche.		—	Nombre.	»
Bétail		Espèce bovine, 50fr par tête. Espèces ovine et porcine, 6fr,25 par tête.	Têtes.	»
Beurre.		Les 100 kilogr., 41fr,34.	Kilogr.	[illegible]
Bijouterie d'or et d'argent. . . .		Valeur 25 p. 100.	Francs.	[illegible]
Boissons .	Bière.	Le litre, 0fr,89.	Litres.	4[illegible]
	Liqueurs et spiritueux	Id. 1fr,65.	Id.	9[illegible]
	Vins.	—	Id.	[illegible]
Bougies et chandelles.		—	Kilogr.	37[illegible]
Café.		Les 100 kil., 13fr,78.	Id.	25[illegible]
Céréales et grains.	Avoine.	En paille, 27fr,56. Semence, 41fr,34. par 100 kil.	Id.	»
	Maïs et sorgho . . .	Les 100 kilogr., 13fr,78.	Id.	4[illegible]
	Riz.	Id. 6fr,89.	Id.	63[illegible]
Chicorée (racine de).		Id. 41fr,34.	Id.	2[illegible]
Confiseries, confitures, bonbons. .		Id. 55fr,12.	Id.	3[illegible]
Conserves	de viande, de poisson, lait concentré. . .	Conserves de viande. La valeur 10 p. 100.	Francs.	70[illegible]
	de fruits, légumes, sauces	Les 100 kil., 55fr,12.	Kilogr.	3[illegible]
Cuivre (fil de).		Le kilogr., 1fr,38.	Id.	3[illegible]
Farines		Les 100 kil., 41fr,34.	Id.	70[illegible]
Fer (ouvrages en)		—	Francs.	369[illegible]

publique Sud-Africaine de 1883 à 1888.

1884 LEUR ou NTITÉ.	1885 VALEUR ou QUANTITÉ.	1886 VALEUR ou QUANTITÉ.	1887 VALEUR ou QUANTITÉ.	1888 VALEUR ou QUANTITÉ.	OBSERVATIONS.
133	87	182	409	881	
18 700	35 850	110 740	241 355	483 275	
1 685	3 265	33 083	179 185	750 438 130	L'importation de la dynamite est actuellement interdite.
»	»	58	1 706	»	Droit supprimé.
»	»	»	»	74	Droit établi en 1888.
3 409	1 494	7 353	12 731	16 621	
10 525	7 425	13 525	73 214	149 670	
57 065	47 188	173 770	468 329	478 192	
63 847	78 776	199 611	669 956	825 708	
7 091	2 744	3 884	100	»	Ne paient plus que le droit général de 5 0/0 de la val.
35 742	42 234	63 826	172 704	148 414	Id.
38 104	313 272	384 268	590 460	766 132	
»	»	»	226	2 790	Droit établi en 1888.
3 240	6 420	3 646	5 856	34 795	
84 891	91 475	85 045	312 064	464 500	
2 875	3 655	11 344	7 374	24 270	
30 282	36 281	31 671	112 657	247 726	
78 650	71 050	97 650	396 925	448 400	Le droit spécial sur les conserves de poissons et le lait concentré a été supprimé en 1888.
5 315	8 579	15 403	73 046	170 397	
1 375	698	633	3 010	6 330	
173 945	161 549	279 113	305 747	301 450	
621 050	858 650	784 550	101 000	»	Cet article comprenait les machines jusqu'en 1886. Les ouvrages en fer ne paient plus que le droit général de 5 p. 100.

Tableau des importations de la République

NATURE DES MARCHANDISES.	DROITS de DOUANE.	UNITÉS.	1883 VALE[illegible] ou QUANTI[illegible]
Fromages	Les 100 kilogr., 27fr56.	Kilogr.	4 4
Houes, pics, pioches	La pièce, 1fr,25.	Nombre.	1 (
Houille	Les 100 kil., 41fr,34.	Kilogr.	»
Machines, mécaniques et accessoires	Valeur 1/2 p. 100.	Francs.	»
Manches de balais, houes, pioches.	—	Nombre.	»
Pâtisseries, pain d'épices, biscuits.	Les 100 kil., 137fr,80.	Kilogr.	»
Plomb. . en lingots ou feuilles.	Le kilogr., 1fr,38.	Id.	7
Plomb. . de chasse	Id. 0fr,69.	Id.	»
Savon. . de ménage	Les 100 kil., 13fr,78.	Id.	83 3
Savon. . de toilette	Id. 27fr,56.	Id.	1 4
Sel	—	Id.	94 1
Sucre	Les 100 kil., 13,78.	Id.	392 3
Tabacs. . en feuilles ou rouleaux	Le kilogr., 2fr,75.	Id.	1
Tabacs. . manufacturé	Id. 6fr,89.	Id.	1
Tabacs. . Cigares	Le 100 : 18fr,75.	Nombre.	70 4
Thé	Les 100 kil., 13fr,78.	Kilogr.	»
Uniformes et livrées	La pièce, 1fr,25.	Nombre.	1 4
Verroterie, perles fausses	Le kilogr., 1fr,38.	Kilogr.	3 6
Viande. . de porc et saindoux.	Les 100 kil., 137fr,80.	Id.	8
Viande. . lard, jambon, saucisson	Id. 137fr,80.	Id.	2 2
Vinaigre	Le litre, 0fr,27.	Litres.	6 48
Valeur des marchandises importées soumises au droit général de 5 p. 100	Valeur 5 p. 100.	Francs.	9 188 60
Valeur des marchandises en transit.	»	Id.	»

N.-B. — Le montant total des importations se compose de la valeur des marchandises soumises
28 860 francs, soit ensemble 61 417 145 francs pour 1888.

l-Africaine de 1883 à 1888 (*suite*).

1884 VALEUR ou QUANTITÉ.	1885 VALEUR ou QUANTITÉ.	1886 VALEUR ou QUANTITÉ.	1887 VALEUR ou QUANTITÉ.	1888 VALEUR ou QUANTITÉ.	OBSERVATIONS.
4 689	6 896	9 955	24 202	71 350	
1 117	1 877	2 583	2 901	13 834	
»	»	»	6 342	700	
»	»	»	987 250	6 002 865	Sont exemptes du droit général de 5 p. 100 de la valeur.
»	»	24	14 534	102	Droit spécial établi en 1886 et supprimé en 1887.
»	»	1 405	13 484	21 220	
2 920	1 668	1 687	7 482	31 820	
»	»	477	7 031	11 430	
3 075	158 430	126 970	336 070	494 970	
765	1 428	1 578	3 862	7 049	
3 479	40 712	63 015	139 843	1 496	Droit spécial supprimé en 1888.
1 825	516 836	649 541	1 675 966	2 334 725	
5	54	46	690	2 084	
223	418	779	4 982	8 170	
8 560	99 280	209 708	362 402	618 188	
»	»	4 005	73 674	126 300	
2 315	1 380	1 893	8 140	34 242	
4 965	3 113	2 706	5 790	12 050	
353	1 376	3 685	2 985	960	
1 884	1 778	5 573	4 356	8 245	
9 186	6 960	8 327	37 302	46 461	
53 000	9 785 925	12 349 774	40 931 975	55 385 420	Toutes les marchandises importées, sauf quelques exceptions sans importance, paient un droit général de 5 p. 100 de la valeur et certains articles, en outre, le droit spécial indiqué à la première colonne du présent tableau.
»	»	»	»	28 860	

général, 55 385 420 francs de la valeur des machines, 6 002 865 francs et de la valeur du transit ou

Pour mieux faire comprendre les données qui précèdent, il n'est pas inutile, croyons-nous, de faire remarquer qu'il n'y a que les articles frappés d'un droit spécifique qui soient mentionnés à ce tableau. Tous les autres sont compris dans les marchandises payant le droit général de 5 p. 100 de la valeur.

Il n'est pas tenu compte, par les receveurs des douanes, de l'origine des marchandises importées. Il est donc impossible d'indiquer dans quelle proportion les différents pays étrangers contribuent à l'approvisionnement de la République Sud-Africaine. Force nous est donc de nous borner à quelques indications générales à ce sujet.

Armes et munitions. — Les armes et munitions viennent exclusivement d'Angleterre, parce qu'elles ne peuvent être vendues que par la maison anglaise qui a passé un contrat à cet effet avec le gouvernement. L'importation de la dynamite est prohibée depuis qu'une compagnie a obtenu le monopole de la fabrication et de la vente des matières explosibles en Transvaal.

Bétail. — Depuis quelque temps, des efforts sont faits pour régénérer les races bovines et ovines du pays et on a fait venir des animaux reproducteurs des colonies voisines et même d'Europe. Les chevaux viennent principalement de la République d'Orange.

Le *beurre*, en boîtes, vient d'Angleterre, mais est de qualité médiocre. On commence aussi à en importer de Hollande.

Bijouterie d'or et d'argent. — L'Allemagne et l'Angleterre fournissent seules ces articles. Il en est de même de la bijouterie fausse.

Boissons. — Tous les pays producteurs contribuent à satisfaire la consommation toujours croissante des vins, bières et liqueurs. L'Angleterre envoie ses whiskys, son stout, ses ales ; la France, ses cognacs, ses vins de Champagne, de Bordeaux, de Bourgogne et quelques liqueurs ; l'Allemagne, ses bières, ses vins du Rhin ; la Hollande, des genièvres, des liqueurs et des bières; la Colonie du Cap, ses vins rouges et blancs, ses eaux-de-vie, et enfin des contrées inconnues des consommateurs, différentes mixtures alcooliques ou alcoolisées décorées des noms de *french brandy* plus ou moins étoilé, de claret, de sherry, de madère, etc., et sortant des officines européennes et coloniales.

Céréales et farines. —Bien que le Transvaal soit particulièrement propre à la culture des céréales, la population rurale ne s'y livre pas encore sur une assez large échelle pour satisfaire aux besoins de la population. On y supplée par les importations des colonies voisines et d'Australie. .

Confiseries, confitures et bonbons. —Les confitures et gelées viennent d'Angleterre. La France et la Hollande fournissent les chocolats et bonbons fins; l'Angleterre, les bonbons de qualité inférieure.

Les *conserves* proviennent également de France, de Hollande et d'Angleterre. Une maison avait essayé des conserves portugaises, mais n'a pas réussi.

Ouvrages en fer, machines, outils, etc.— La quincaillerie, la clouterie, la serrurerie, les ferrures, les tôles sont presque exclusivement importées de Grande-Bretagne. Les machines, les outils, les instruments aratoires et agricoles sont achetés en Amérique et en Angleterre. L'Allemagne, la Hollande et l'Australie ont aussi fourni du matériel pour les mines.

Le *fromage* est naturellement tiré d'Angleterre et de Hollande. Il en est de même des *pâtisseries* et *biscuits :* les pâtisseries anglaises sous la forme de gâteaux aux raisins que les fournisseurs envoient à leurs clients à Noël, et de biscuits sortant des usines bien connues de Huntley et Palmers ou de Peck, Frean et Cie.

Le *savon* marbré genre Marseille, les savons de toilette et les bougies sortent des usines anglaises, mais pas des meilleures. L'Angleterre et ses colonies écoulent aussi dans le pays leurs uniformes de rebut.

La colonie de Natal fournit le *thé* et le *sucre*. La Hollande approvisionne le marché de *cigares* ordinaires et Hambourg de pseudo-havanes.

Parmi les autres articles trouvant des débouchés dans le pays, mais ne figurant pas au tableau des importations, nous citerons la *bimbeloterie*, la *papeterie*, les *articles de fantaisie*, les *étoffes*, la *lingerie*, les *confections*, les *modes* qui sont fournis par l'Angleterre, l'Allemagne et la France. Les *meubles* communs proviennent d'Amérique et d'Angleterre, les meubles de luxe, les instruments de musique, d'Allemagne, de Hollande et d'Angleterre. La *carrosserie* et la *sellerie* sortent des fabriques anglaises, coloniales et américaines.

Il est bon d'ajouter que, quelle que soit l'origine des produits d'outre-mer, ils sont toujours importés par voie anglaise *via* Natal, le Cap ou Delagoa Bay, attendu que ce sont des lignes anglaises qui desservent ces différents ports. Un des vapeurs des lignes existantes touchera désormais, régulièrement, à Flessingue et à Hambourg. Cette mesure ne peut manquer de contribuer au développement des relations avec la Hollande et l'Allemagne.

EXPORTATIONS

Il est impossible de donner une idée, même approximative, de la valeur ou de l'importance des exportations du Transvaal, le service des douanes n'en prenant pas note. Nous sommes donc obligé de nous en tenir à une simple nomenclature des articles exportés.

Le principal objet d'exportation est l'*or*, dont la production va toujours en augmentant. On ne possède aucune donnée sur la quantité qui en est sortie du Transvaal ; mais voici, d'après la statistique officielle, pour quelle valeur il en a été exporté des colonies du Cap et de Natal pendant les dix-huit dernières années :

ANNÉES.	VALEUR DES EXPORTATIONS en francs.	ANNÉES.	VALEUR DES EXPORTATIONS en francs.
1871	16 750	1880	561 250
1872	20 625	1881	448 800
1873	24 500	1882	551 000
1874	985 800	1883	761 425
1875	1 786 300	1884	975 125
1876	1 792 675	1885	1 738 325
1877	1 689 875	1886	3 338 350
1878	991 000	1887	5 898 425
1879	755 375	1888	22 481 900

Il est hors de doute que la majeure partie, sinon la totalité de cet or provient du Transvaal; car, si cette statistique comprend la production d'ailleurs peu notable des colonies du Cap, de Natal, de la République d'Orange, du Zoulouland et du Swazieland qui passe par Natal ou le Cap, elle ne représente aussi que les expéditions faites par des établissements de crédit et non celles effectuées par les particuliers.

Après l'or, le principal article d'exportation est la *laine* en suint qui est vendue par les éleveurs aux boutiquiers les plus rapprochés de leurs fermes chez qui ils s'approvisionnent d'objets usuels. On estime la production du pays à près de 3 millions de kilogrammes.

Les *peaux* de bœuf et de cheval font également l'objet d'un important trafic; mais comme elles sont généralement mal préparées ou abîmées, elles n'ont pas beaucoup de valeur.

Les *peaux* et *dépouilles* d'animaux sauvages sont aussi très recherchées pour l'exportation, mais elles deviennent tellement rares qu'elles sont plutôt des objets de curiosité que des articles de commerce.

INDUSTRIE

A l'exception de l'exploitation des mines qui sera traitée dans un chapitre spécial, l'industrie du Transvaal est, à vrai dire, encore dans l'enfance et nous croyons que les progrès n'en seront que fort lents à cause du système de concessions, c'est-à-dire de *monopoles*, que le gouvernement avait cru devoir adopter, pour le bien du pays, à une époque où l'immigration et l'apport de capitaux étrangers avaient besoin d'être encouragés.

Le pays n'a, toutefois, pas retiré de ces faveurs les avantages que le gouvernement en espérait. En effet, qu'est-il arrivé? Les concessionnaires ont attendu la découverte des mines d'or, c'est-à-dire le moment où les concessions devenaient profitables à leurs propriétaires, mais nuisibles aux progrès de l'industrie, pour les exploiter ou plutôt pour les vendre avec bénéfice.

De cette époque datent les concessions suivantes encore en vigueur, accordées :

A *M. Nellmapius:* 1° pour la fabrication des liqueurs et boissons alcooliques. Cette concession a été cédée à une compagnie, *De Eerste Fabricken*, qui a établi une usine à vapeur très bien aménagée aux environs de Pretoria. Après un début peu favorable, elle contribue actuellement dans une large proportion à la consommation locale. Elle se sert exclusivement de grains pour la fabrication de ses alcools ;

2° Pour le traitement des minerais de fer et la fabrication des fontes et fers industriels. Cette concession vient d'être cédée à une compagnie anglaise au capital de 150 000 livres sterling ;

3° Pour la fabrication de la poudre (rachetée par le gouvernement qui l'a fait exploiter par contrat);

4° Pour la fabrication du sucre, à l'exception du sucre de canne (non exploitée).

A *M. Ockerse* : 1° pour la préparation et le tannage des peaux. Cédée à une compagnie hollandaise qui a établi à Pretoria une tannerie travaillant avec 5 ouvriers blancs et une dizaine de noirs;

2° Pour la fabrication des briques, tuiles et carreaux à la mécanique. Le concessionnaire a vendu le droit d'exploitation de sa concession, à Johannesburg et à Pretoria, à deux compagnies qui ont établi une fabrique dans chacune de ces deux villes;

3° Pour la fabrication des poteries. Elle a été reprise par une société hollandaise qui entend l'exploiter prochainement.

Indépendamment des usines que nous venons de mentionner, il existe en Transvaal deux *brasseries* (à Pretoria), et plusieurs *minoteries* à vapeur, dont la plus importante, celle de MM. Beckett et Cie, à Pretoria, est actionnée par une machine de 28 chevaux et peut moudre de 100 à 125 hectolitres de grain par jour. Elle emploie deux paires de meules françaises pour les farines de gruau. Pour les farines blanches, on fait usage du système allemand qui consiste à faire passer le grain à moudre par une série de cylindres en fonte durcie accouplés jusqu'à ce que la mouture ait atteint le degré de finesse voulue. L'usine est aussi éclairée à la lumière électrique.

Nombre de localités ont aussi leurs moulins à eau. Parmi les plus importants, nous citerons l'*Arcadia Mill* de M. E. Meintjes, à Pretoria, celui de MM. Morris et Frean, à Ventersdorp, qui, avec MM. Beckett, ont envoyé à l'Exposition des produits très remarquables de leur fabrication.

Deux *fabriques de tabac* et de cigares existent en Transvaal : celle de MM. Aaron Steinweis et Cie, à Johannesburg, et de MM. von Wielligh et Cie, près de Pretoria. Elles fabriquent des cigares non seulement avec des tabacs du pays, mais aussi avec des tabacs exotiques. Grâce au droit protecteur de 15 shellings (18 francs) par 100 cigares qui frappe les cigares étrangers, cette industrie ne peut manquer d'être rémunératrice.

Depuis quelques mois il existe à deux heures et demie de Pretoria une fabrique de *dynamite* fondée sous les auspices de la Société des études scientifiques de France, qui en a acquis la concession. Cette usine est dirigée par M. Bullier, ancien élève de l'École d'application de Fontainebleau, qui, en quelques mois, a construit tous les ateliers nécessaires à la fabrication des explosifs avec maison d'habitation, maisons d'ouvriers, laboratoire, forge, plomberie, appareils de pesage, magasins, cartoucheries. La plupart des constructions sont protégées par des cavaliers ou travaux de terrassement en vue de localiser les explosions qui pourraient se produire. Cette fabrique a déjà fourni un millier de caisses de dynamite au commerce et pourra prochainement, avec de nouveaux appareils, quintupler sa production. Les épreuves auxquelles ils ont été soumis ont démontré que ses produits étaient égaux, sinon supérieurs à ceux d'Europe.

Il existe aussi à Pretoria, à Johannesburg et à Barberton des forges et fonderies, des ateliers de réparation pour les machines, mais ils sont installés sur une petite échelle et ne méritent guère le nom d'établissements industriels.

MÉTIERS

Tous les métiers ont naturellement leurs représentants dans le pays, car avec le développement de l'industrie, l'accroissement de la population et l'augmentation du trafic, il y a à satisfaire aux besoins les plus variés.

L'industrie de la bâtisse fait vivre nombre de briquetiers, de maçons, de charpentiers, de plombiers, de peintres qui gagnent, suivant leurs aptitudes, de 15 à 25 francs par jour. Les charrons et forgerons sont aussi fort nombreux et ont toujours une clientèle assurée par suite du mauvais état des routes, surtout après les pluies.

Les tapissiers, ébénistes, horlogers et bijoutiers travaillant pour le luxe savent bien faire payer leurs services.

Les tailleurs et cordonniers sont peu nombreux parce qu'on préfère généralement, quand des vêtements ou des chaussures sont défraîchis, en acheter de neufs au lieu de payer des réparations ou des raccommodages presque aussi coûteux. Les coiffeurs tiennent généralement en même temps un établissement de bains ou ajoutent un commerce à leur industrie, parce que le postiche ne se vend pas et la coiffure pour dames est un raffinement à peu près inconnu.

L'industrie minière a aussi attiré quantité de mécaniciens, de monteurs, d'ajusteurs et aussi *quelques* mineurs. Nous disons « quelques mineurs », parce qu'il ne faut pas croire que tous ceux qui travaillent dans les mines soient pour cela des mineurs. Dans tout pays nouveau comme le Transvaal, on rencontre, en effet, nombre d'aventuriers que leurs vices et surtout l'ivrognerie font passer par tous les métiers.

Presque toutes ces professions sont exercées par des Européens ou des colons du Cap, de Natal ou du Free-State ayant passé par un apprentissage plus ou moins sérieux. Les Boers, sans autre école que celle du besoin, savent pour la plupart se construire leur maison, réparer leur charrette, confectionner des meubles solides, tourner des pipes, des coquetiers, des vases, des chandeliers, tanner les peaux, fabriquer des chaussures, distiller l'eau-de-vie de pêches. Leurs femmes font le savon, les chandelles, les conserves, tressent artistement des corbeilles, des chapeaux.

Les Cafres montrent également une certaine habileté dans les travaux manuels. Ils fondent le fer, forgent leurs lances, leurs hachettes, leurs couteaux, taillent et sculptent des bâtons, des tabatières, des cuillers, des vases en bois. Ils recouvrent des cannes, des fouets, des tabatières de filigrane de laiton ou de fer ; préparent les peaux d'animaux sauvages et les cousent ensemble pour en faire des couvertures ou des tapis. Ils tressent de fines nattes, des corbeilles imperméables, des paniers, des cabas, des chapeaux en paille ou en roseau. Les femmes se confectionnent des bijoux, des ceintures, des tabliers ou autres vêtements sommaires et des ornements de verroterie en combinant agréablement les couleurs.

POIDS, MESURES, MONNAIES

POIDS

1 tonne = 20 quintaux	=	1 016 kilogrammes.
1 quintal (hundredweght) à 8 stones	=	$50^{kg},800$
1 stone à 14 livres anglaises . . .	=	$6^{kg},350$
1 livre anglaise avoir du poids à 16 onces.	=	$0^{kg},453^{gr},544$
1 once à 16 drachms.	=	$0^{kg},028^{gr},340$
1 livre troy, pour les métaux précieux, à 12 onces.	=	$0^{kg},373^{gr},095$
1 once à 20 pennyweights. . . .	=	0^{kg}, $31^{gr},0912$
1 pennyweight, à 24 grains. . .	=	0^{kg}, $1^{gr},5545$
1 grain	=	0^{kg}, $0^{gr},06477$
1 livre hollandaise = 1,0893 livre anglaise avoir du poids.		$0^{kg},494^{gr},045$

MESURES

Bien qu'une résolution de l'Assemblée nationale, en date du 14 octobre 1874, ait rendu obligatoire l'usage des poids et mesures employés dans la Colonie du Cap, on se sert, dans le pays, des anciens poids et mesures hollandais simultanément avec les poids et mesures anglais.

Mesures de capacité pour les solides.

1 load à 10 muids	=	2,972	boiss. angl.	=	1 080^{lit},262
1 muid à 4 schepels	=	2,972	—	=	108^{lit},026
1 schepel	=	0,743	—	=	27^{lit},006
1 boisseau anglais à 8 gallons.				=	36^{lit},348

Mesures de capacité pour les liquides.

Le legger à 4 aam	=	126	gallons imp.	=	572^{lit},418
La pipe.	=	91	—	=	413^{lit},413
L'aam à 4 ancres	=	31,500	—	=	143^{lit},104
L'ancre	=	7,875	—	=	35^{lit},776
Le gallon à 4 quarts, à 8 pintes				=	4^{lit},543

Mesures de longueur.

1 verge (roed) du Cap à 12 pieds . . .	=	3^{m},768
1 pied du Cap = 1,033 pied anglais. . .	=	0^{m},314
1 pied anglais à 12 pouces.	=	0^{m},304
1 yard anglais	=	0^{m},914
1 aune (el) = 0,7751 yard anglais. . . .	=	0^{m},708
1 mille anglais.	=	1 609^{m},314

Mesures de superficie.

1 morgen du Cap à 600 verges carrées. . .	=	85^{a},650
1 verge carrée du Cap à 144 pieds carrés. .	=	0^{a},1427
1 pied carré du Cap.	=	0^{a},00099
1 morgen du Cap = 2,11654 acres anglais		
1 acre anglais.	=	40^{a},467

MONNAIES

Les monnaies d'or et d'argent anglaises sont les seules qui aient cours légal dans le pays. A défaut de banque nationale, les billets des banques coloniales de Natal et du Cap sont également admis comme monnaie fiduciaire. Ces monnaies sont :

La livre sterling à 20 shellings ou souverain en or = 25 fr. 25.

La demi-livre sterling en or ;

La demi-couronne de 2 shellings 1/2, en argent ;

Le florin de 2 shellings, en argent ;

Le shelling à 12 deniers, en argent ;

La pièce de 6 deniers, en argent.

Comme monnaies de compte, on admet la *guinée*, de 21 shellings, la *daalder,* de 1 shelling 1/2, et le *dubbetje*, de 1 denier.

AGRICULTURE, ÉLÈVE DU BÉTAIL

Ainsi que le répète chaque année M. Jeppe dans son Annuaire, la République Sud-Africaine *devrait* être le grenier d'abondance de l'Afrique australe, parce qu'aucun autre pays ne possède un sol mieux approprié, ni de plus grandes facilités pour la culture des céréales.

Il n'en est, toutefois, pas ainsi pour différentes raisons. La population agricole est trop restreinte pour l'immense étendue de terrain dont elle dispose : à peine 30 000 boers pour un pays presque aussi grand que la France. Les boers se bornent généralement à cultiver ce qui est nécessaire pour leur famille et leurs domestiques noirs ou pour acheter les objets usuels qu'ils ne peuvent fabriquer eux-mêmes. Les distances sont souvent trop grandes entre les lieux de production et les marchés, et les moyens de transport trop primitifs. Le manque d'eau entrave aussi nombre d'exploitations agricoles.

Des routes sillonnent bien le pays en tous sens, mais elles sont souvent mauvaises ou se défoncent par la moindre pluie. Comment veut-on, d'ailleurs, que les cultivateurs des districts de Zoutpansberg, de Waterberg, de Lydenburg, écoulent leurs produits ? Il leur faut parcourir de 3 à 400 kilomètres avec leurs charrettes à bœufs pour arriver à un centre de commerce, ce qui leur prend beaucoup de temps, si on tient compte des incidents et accidents inévitables du voyage.

Admettons, par exemple, qu'un boer de Zoutpansberg ou de Waterberg apporte 30 sacs de blé à Pretoria. Il en obtient en moyenne de 25 à 30 francs par sac. Mais pour peu qu'il ait une roue cassée en route ou qu'il perde un ou deux bœufs, soit de fatigue, soit d'une des nombreuses maladies qui déciment le bétail, il lui reste alors bien peu de bénéfice.

Nous ne parlons pas des frais du voyage, qui sont insignifiants. Avec un sac de biscuit, du café ou du maïs brûlé qui le remplace, de la farine de maïs pour son cafre, et une provision de viande séchée, qu'il peut renouveler en route en achetant un mouton pour quelques francs, un boer voyage pendant un mois et plus. Il dételle ses bœufs deux ou trois fois par jour et les laisse paître sur place.

Si les principaux centres des districts excentriques étaient reliés par un chemin de fer à la capitale, l'agriculture prendrait incontestablement un grand développement parce que l'écoulement des produits serait assuré.

Les districts du sud, Utrecht, Wakkerstroom, Standerton, Heidelberg, Middelburg, Pretoria, Potchefstroom, Klerksdorp, Christiania se trouvent, à cet égard, dans des conditions plus favorables à cause de leur proximité des deux grands centres de consommation, Johannesburg et Pretoria, ou du terminus des chemins de fer de Natal et de la Colonie du Cap. L'agriculture ne s'y développe cependant que lentement et encore grâce à l'affluence d'étrangers. Ceux-ci, s'ils sont près de Pretoria ou de Johannesburg où il y a beaucoup de chevaux et de vaches, préfèrent même vendre des fourrages verts qu'ils peuvent recouper, toute l'année, plutôt que de semer des céréales dont ils n'ont que deux récoltes par an.

Le manque d'eau se fera de plus en plus sentir à mesure que l'on abattra le peu d'arbres qui restent dans le pays, mais on peut facilement y remédier en établissant des barrages et des réservoirs comme dans le Free-State et au Cap.

Voici quelles sont les ressources des différents districts au point de vue agricole :

Potchefstroom. — Le sol est spécialement propre à la culture des céréales dont on peut obtenir deux récoltes par an. La culture du tabac, de la vigne, des arbres fruitiers et de tous les végétaux utiles de la zone tempérée y réussit parfaitement. L'élevage du bétail tend à y prendre un grand développement.

La fertilité du district de *Pretoria* est non moins renommée que celle de Potchefstroom pour la culture des céréales, des légumes et des plantes agricoles de toute espèce. Dans le nord du district, où la température est généralement plus élevée, on peut cultiver avec succès le tabac, le café, la canne à sucre.

Le district de *Rustenburg*, par la variété de ses produits et sa fertilité, peut être appelé le jardin de la République Sud-Africaine. Indépendamment des céréales, des farineux alimentaires, on y trouve le thé, le café, le tabac, la canne à sucre, le bananier, l'oranger le mandarinier (qui donne des fruits aussi gros que des oranges ordinaires), le citronnier, l'amandier. L'élevage du bétail y est pratiqué sur une vaste échelle, mais les moutons y réussissent moins bien que les chèvres d'Angora.

Lydenburg a toujours été cité pour ses céréales et ses tabacs. Le climat se prête admirablement bien à la culture du café, de la canne à sucre, du coton; mais on ne s'y est pas encore appliqué sérieusement, pas plus que dans les autres districts septentrionaux de Zoutpansberg et de Waterberg qui se trouvent dans les mêmes conditions climatériques.

Marico. — Ce district est bien arrosé et offre d'excellents pâturages pour l'élevage du bétail. On y cultive les céréales, le tabac. On y trouve l'indigotier, l'arachide, la vigne et, comme celui de Rustenburg, le district de Marico produirait facilement le thé, la canne à sucre, le coton.

Christiania est surtout réputé pour ses chèvres d'Angora, ses bestiaux.

Utrecht, *Wakkerstroom*, *Vrÿheid*, sur les deux versants du Drakenberg, sont renommés pour leurs moutons, leurs chevaux. Les céréales y viennent partout admirablement.

Il en est de même dans les districts de *Standerton* et de *Heidelberg;* mais là, comme dans une partie des districts de Middelburg et de Pretoria, les bestiaux ne trouvent pas de pâture en hiver et les fermiers, au lieu de faire des fourrages, sont obligés d'envoyer leurs animaux dans le *Boschveld* (partie boisée du pays) au nord des monts Magalie.

Le district de Middelburg jouit du même avantage que celui de Pretoria, c'est-à-dire qu'il est en partie sur le versant septentrional des hauts plateaux qui forment la séparation des eaux entre le Vaal au sud, l'Oliphant et le Crocodile au nord. Il a ainsi un climat tempéré au sud et un climat demi-tropical au nord : aussi les produits y sont aussi nombreux que variés.

Les produits agricoles et utiles qui figurent à l'Exposition sont : l'*avoine*, le *froment*, l'*épeautre*, le *seigle*, l'*orge*, la *manne*, le *maïs*, le *sorgho* ou blé cafre (ces céréales sont cultivées partout avec le même succès et on en obtient généralement deux récoltes par an) ; les *arachides* de Marico ; le *café* de Pretoria et de Rustenburg ; le *chanvre* qui pousse partout, mais n'est guère recherché que par les nègres pour le fumer ; le *tabac*, qui se récolte dans tous les districts (le plus recherché est celui de Rustenburg, des monts Magalie, de Lydenburg de Potchefstroom) ; le *coton* de Zoutpansberg ; le *thé*, qui n'est pas cultivé régulièrement, mais croît à l'état sauvage dans toute la partie du pays au nord de Pretoria ; il en est de même de l'*indigotier ;* et enfin différents *textiles* qui ne sont préparés et utilisés que par les indigènes.

Pour terminer, nous donnons ci-après un tableau comparatif de la valeur des principaux produits de l'agriculture et de la ferme. Les données qu'il contient expliquent la cherté de la vie dans la République Sud-Africaine par rapport aux pays voisins.

Nous aurions aussi voulu indiquer la valeur des propriétés rurales; mais elle dépend de tant de circonstances qu'il est difficile de donner à cet égard des renseignements tant soit peu instructifs. Ainsi une ferme de 2 à 3 000 hectares près de Pretoria, de Johannesburg, de Heidelberg ou de Potchefstroom se vendra de 25 à 75 000 francs (bien entendu, si on n'y trouve ni or, ni argent, ni cuivre, ni charbon), tandis qu'elle vaudra de 25 à 10 000 francs et même moins, à mesure qu'elle est éloignée du centre des affaires. Certaines fermes de Waterberg, de Zoutpansberg et de Marico changent même de mains moyennant quelques centaines de francs.

Prix moyens, en francs, de différents produits agricoles et de la ferme pour la période du 1er juillet 1887 au 30 juin 1888.

(D'après l'*Agricultural Journal*, de Capetown, reproduit par le *Jeppe's Almanach*.)

	MAIS par 100 kil.		FARINE DE BLÉ par 100 kil.		BLÉ par 100 kil.		ORGE les 100 kil.		POMMES DE TERRE par sac.		BEURRE le kilog.		ŒUFS le 100.		AVOINE les 100 kil.		BŒUFS par tête.		VACHES par tête.		MOUTONS par tête.	
	Maximum.	Minimum.	Maximum.	Minimum.	Maximum.	Minimum.	Maximum.	Minimum.	Maximum.	Minimum.	Maximum.	Minimum.	Maximum.	Minimum.	Maximum.	Minimum.	Maximum.	Minimum.	Maximum.	Minimum.	Maximum.	Minimum.
	f. c.	f. c.	f. c.	f. c.	f. c.	f. c.	f. c.	f. c.	f. c.	f. c.	f. c.	f. c.	f. c.	f. c.	f. c.	f. c.	fr.	fr.	fr.	fr.	fr.	fr.
Kimberley. (Colonie du Cap.)	23,15	16,66	44,13	29,10	27,77	19,33	29,10	15,21	22,50	12,50	5,45	3,70	50,00	12,00	27,77	16,62	300	125	200	100	14	10
Capetown. . (Colonie du Cap.)	22,11	11,10	44,43	29,10	26,32	22,11	13,88	9,66	17,50	6,25	4,61	3,46	»	»	»	»	»	»	»	»	»	»
Bloemfontein (Rép. d'Orange.)	16,66	13,88	24,99	19,33	16,66	11,10	20,66	8,33	12,50	11,25	12,48	4,15	20,80	7,50	16,66	9,71	»	»	»	»	»	»
Durban (Natal). . . .	17,35	6,94	19,33	11,10	»	»	»	»	50,00	7,15	6,83	3,23	18,10	5,30	31,00	15,26	150	137	187	137	»	»
Pretoria. . (Rép. Sud-Afr.)	34,70	29,66	52,73	37,43	41,65	29,10	41,65	23,15	51,00	15,00	8,33	5,55	55,00	15,00	44,43	16,62	150	75	150	75	18	18
Joannesburg (Rép. Sud-Afr.)	48,44	20,66	54,09	27,77	45,76	23,45	50,15	20,65	56,25	11,00	11,10	3,40	100,00	17,00	50,00	16,62	150	80	200	100	18	12

ENSEIGNEMENT

Aux termes de la loi n° 1 de 1882, l'enseignement est complètement libre dans la République et le gouvernement n'intervient que pour l'encourager sous certaines conditions. L'enseignement n'enrichit pas ceux qui le professent, dans la République Sud-Africaine moins que partout ailleurs : aussi le recrutement du personnel enseignant a toujours offert de grandes difficultés.

Sauf dans les villes et villages, peu nombreux d'ailleurs, la population est tellement disséminée que l'établissement d'écoles, comme nous l'entendons en Europe, est impraticable. Il faut donc avoir recours à d'autres moyens, parce que les Boers tiennent essentiellement à ce que leurs enfants sachent au moins lire, écrire et chanter.

Comment fait-on, alors? Un fermier tant soit peu opulent et ayant de la famille engage un jeune homme plus ou moins capable — de diplôme il n'en est pas question — pour instruire ses enfants moyennant le logement, la nourriture et une rémunération qui se payait jadis en chevaux ou en bœufs, mais qui se chiffre maintenant par une ou deux livres sterling par mois. Si l'instituteur improvisé est un peu intelligent, il lit la Bible le dimanche aux parents et amis et termine sa lecture par un court sermon.

Dès que l'engagement est fait, les voisins sont avertis

que dans telle ferme il y a un maître d'école et qu'ils peuvent faire suivre ses leçons à leurs enfants.

La loi dit bien que l'instituteur doit être choisi par une commission scolaire qui soumet son choix au directeur de l'enseignement à Pretoria; mais les instituteurs et membres des commissions sont si mouvants que, dans la pratique, l'instituteur est d'abord choisi par les parents et la commission se constitue ensuite. Comment pourrait-il en être autrement puisque nous voyons dans le rapport pour 1888 qu'il existait à un moment donné 314 écoles dans le pays et que le nombre en était réduit à 179 au 31 décembre.

Si le maître est de la religion protestante et enseigne à ses élèves d'une façon satisfaisante la lecture, l'écriture, le chant, l'histoire sainte et les éléments du calcul et de la langue hollandaise, le gouvernement lui accorde une subvention de 3 £ (75 francs) par élève et par an. La subvention est portée à 5 £ (125 francs) par élève d'une classe supérieure dans laquelle on doit enseigner, outre les connaissances élémentaires, la grammaire hollandaise, les éléments d'une langue étrangère, la géographie élémentaire, des notions d'histoire universelle, l'histoire de l'Afrique australe et de la République Sud-Africaine.

Une subvention spéciale de 3 £ ou de 5 £ est aussi accordée au maître pour chaque élève de l'une ou l'autre classe qu'il instruit gratuitement, c'est-à-dire sans rémunération des parents.

Enfin le gouvernement peut allouer à l'instituteur, suivant ses mérites et la valeur de son enseignement, une gratification annuelle de 5 £ à 15 £.

Une des conditions pour l'obtention des subventions est aussi que l'enseignement soit donné en hollandais.

Dans les villes, les exigences des parents sont naturellement plus grandes. Ils choisissent et paient aussi les maîtres en conséquence.

L'intervention de la commission scolaire se borne à veiller à ce que l'école et la conduite du maître soient convenables et à ce que ce dernier donne une instruction chrétienne à ses élèves.

Le tableau suivant indique les progrès faits par l'enseignement dans la République Sud-Africaine depuis 1873 :

ANNÉES.	ÉCOLES SUBVENTIONNÉES		NOMBRE D'ÉLÈVES.	DÉPENSES pour L'ENSEIGNEMENT.	DÉPENSES par ÉLÈVE.
	URBAINES.	SUBURBAINES.		francs.	fr. c.
1873	9	10	»	49 375	»
1876	8	5	150	31 875	212,50
1877	9	»	306	87 500	286,00
1879	11	9	838	109 475	130,60
1882	9	34	872	68 825	80,80
1883	8	64	1 410	109 875	78,00
1884	14	45	1 280	149 350	106,65
1885	14	79	2 111	213 125	101,00
1886	17	78	2 600	231 525	89,05
1887	16	100	2 795	262 350	93,85
1888	20	159	4 016	367 900	91,55

La ville de Pretoria, en particulier, possède actuellement 13 établissements d'enseignement, savoir :

1	école secondaire	avec	7	maîtres	et	86	élèves.
2	— anglicanes	—	7	—		91	—
1	— wesleyenne	—	4	—		40	—
3	— catholiques	—	12	—		150	—
1	— gardienne cathol.	—	1	—		30	—
1	— urbaine subvent.	—	1	—		21	—
4	— particulières	—	11	—		205	—
13	écoles.		43	maîtres.		623	élèves.

Les différentes communautés religieuses ont aussi à Johannesburg :

Les catholiques, 2 écoles : 6 maîtres et 180 élèves.

Les anglicans, 2 — 9 — 200 —

Les wesleyens ont 747 élèves dans tout le pays.

Au 31 décembre 1888, les 179 écoles subventionnées se répartissaient comme suit par district :

DISTRICTS.	1887		1888	
	ÉCOLES.	ÉLÈVES.	ÉCOLES.	ÉLÈVES.
Pretoria	24	727	29	844
Potchefstroom	21	574	26	693
Rustenburg	17	415	23	519
Middelburg	12	291	15	306
Marico	8	242	9	246
Lydenburg	7	170	11	231
Wakkerstroom	6	106	10	143
Ermelo	6	72	8	113
Lichtenburg	4	120	5	108
Standerton	3	72	4	108
Utrecht	3	58	4	54
Heidelberg	2	52	21	675
Waterberg	2	28	6	120
Zoutpansberg	1	20	5	107
Bloemhof	»	»	2	51
Vryheid	»	»	1	57
	116	2947	179	4 375

L'école secondaire mentionnée au tableau qui précède est le seul établissement d'enseignement gouvernemental. Il comprend deux divisions : la première a pour but l'enseignement du hollandais, de l'anglais, du français, de l'allemand, du latin, de l'arithmétique, des mathématiques élémentaires et supérieures, des sciences naturelles, de la géographie, de l'histoire ; la seconde division est destinée à préparer les élèves aux professions commerciales, administratives, agricoles ou pour l'enseignement.

Un fonds spécial a aussi été formé en Hollande pour accorder chaque année des bourses aux élèves les plus méritants de l'école secondaire afin de leur permettre de compléter leurs études à une école supérieure ou université hollandaise.

En vue de favoriser le développement de l'enseignement, il a été institué une commission spéciale pour délivrer des certificats de capacité et des gratifications suivant le degré des certificats aux instituteurs, institutrices et élèves qui se soumettent à un examen déterminé.

La direction de l'enseignement est confiée à un surintendant, qui est assisté d'un secrétaire et de deux commis. Le surintendant est tenu d'inspecter chaque année les écoles subventionnées du pays. Il lui est, toutefois, impossible de satisfaire strictement à cette obligation. Il ne peut d'ordinaire inspecter que la moitié des écoles. C'est pourquoi il a demandé qu'un inspecteur spécial lui soit adjoint. Il voudrait aussi rendre l'examen obligatoire pour tous les instituteurs en leur attribuant une allocation spéciale de 50 à 150 £ (1250 à 3750 francs) par an, suivant leur degré de capacité. Cette mesure n'a toutefois pas encore été sanctionnée.

POSTES

Le développement qu'a pris le service des postes ressort des tableaux suivants :

		1879	1887	1888
Reçu . .	Lettres de service. .	374 978 (lettres de service et lettres privées)	45 209	114 604
	Lettres privées. . .		985 531	2 049 596
	Imprimés	313 577	72 335	316 400
	Lettres chargées . .	9 911	34 097	82 209
Expédié.	Lettres de service. .	387 942 (lettres de service et lettres privées)	49 592	99 003
	Lettres privées. . .		1 071 175	1 912 223
	Imprimés	252 513	40 423	378 252
	Lettres chargées . .	7 675	41 692	81 449

Il n'est tenu compte que fort irrégulièrement du nombre des imprimés qui passent par les bureaux de poste.

Les recettes et les dépenses des postes ont été :

	RECETTES.	DÉPENSES.
	francs.	francs.
1879	140 750	415 425
Du 1er avril 1884 au 31 mars 1885. . . .	166 025	333 800
— 1885 au 31 — 1886. . . .	178 575	299 300
— 1886 au 31 décembre 1886. .	173 400	239 900
1887	383 025	518 975
1888	598 425	723 300

Les trois principaux bureaux ont contribué comme suit au mouvement postal :

		PRETORIA			
		1885	1886	1887	1888
Lettres de service.	Reçues. . .	12 569	11 134	16 194	28 612
	Expédiées .	9 892	16 841	23 879	39 645
Lettres privées . .	Reçues. . .	156 067	111 417	138 679	328 065
	Expédiées .	90 967	161 875	256 000	297 612
Imprimés	Reçus . . .	5 461	2 404	1 402	?
	Expédiés. .	?	?	?	?
Plis chargés . . .	Reçus . . .	5 770	9 340	7 823	17 905
	Expédiés. .	4 025	6 827	10 803	16 070

		BARBERTON			
		1885	1886	1887	1888
Lettres de service.	Reçues. . .	»	616	3 475	5 358
	Expédiées .	»	698	3 239	3 691
Lettres privées . .	Reçues. . .	»	74 166	235 847	162 706
	Expédiées .	»	88 611	255 080	173 086
Imprimés	Reçus . . .	»	5 340	27 078	6 602
	Expédiés. .	»	43	25 817	4 356
Plis chargés . . .	Reçus . . .	»	2 468	7 395	6 819
	Expédiés. .	»	2 242	8 171	6 297

		JOHANNESBURG			
		1885	1886	1887	1888
Lettres de service.	Reçues. . .	»	106	3 912	31 419
	Expédiées .	»	49	1 506	11 978
Lettres privées . .	Reçues. . .	»	5 866	249 849	714 792
	Expédiées .	»	11 383	199 172	647 718
Imprimés	Reçus . . .	»	»	27 300	277 100
	Expédiés. .	»	»	»	344 925
Plis chargés . . .	Reçus . . .	»	79	6 172	29 367
	Expédiés. .	»	175	4 612	24 094

TÉLÉGRAPHES

Sous l'énergique impulsion de M. Van Trotsenburg, le directeur général actuel, le réseau et le service des télégraphes ont pris une extension que démontre suffisamment le tableau ci-après :

		ANNÉES				
		1885.	1886.	1887.	1888.	1er trimestre 1889.
Reçu	Dépêches de service	931	976	2 833	7 596	2 315
	Dépêches privées	8 756	19 460	131 397	321 393	134 571
	Dépêches en transit	1 154	3 226	68 030	124 496	42 555
	Total	10 841	23 662	202 260	453 485	179 441
Expédié	Dépêches de service	1 327	1 345	3 442	9 158	3 046
	Dépêches privées	9 229	20 359	140 295	345 257	140 476
	Dépêches en transit	1 154	3 226	68 030	124 496	42 555
	Total	11 710	24 930	211 767	478 911	186 077
Recettes		30 150	80 025	385 050	826 300	384 525
Dépenses		28 450	180 225	1 145 025	1 661 200	»
Nombre de bureaux existants		3	3	9	20	23

Les lignes actuellement existantes sont :

1° Celles de Pretoria, Nijlstroom, Smitsdorp, Pietersburg Haenertsburg. . . .	310	kilom.
2° Pretoria, Rustenburg, Zeerust, Ottoshoop, Lichtenburg	307	—
3° Pretoria, Middelburg, Lydenburg . .	260	—
4° Middelburg, Barberton.	160	—
5° Pretoria, Johannesburg, Heidelberg (3 fils).	88	—
6° Pretoria, Boksburg, Heidelberg (2 fils).	80	—
7° Boksburg, Johannesburg.	20	—
8° Heidelberg, Standerton, Martinus-Wesselstroom, Utrecht, vers Newcastle (Natal).	281	—
9° Utrecht, Vryheid.	64	—
10° Heidelberg, Potchefstroom (3 fils) . .	80	—
11° Heidelberg, vers Heilbron (Républ. d'Orange).	48	—
12° Potchefstroom, Klerksdorp, Wolmaransstadt, Bloemhof, Christiania vers Kimberley (Colonie du Cap) (2 fils). .	270	—
	1 968	kilom.

Sont en construction :

Les lignes de Barberton, Eurekastadt, Jamesstadt, Kaapschehoop.	50	kilom.
Standerton-Ermelo, Steynsdorp; Barberton	209	—

En 1887 et 1888, il a été dépensé 2 135 600 francs pour l'établissement de nouvelles lignes et prochainement le réseau aura une étendue de 2 227 kilomètres et sera desservi par 25 bureaux.

VOIES DE COMMUNICATION

Il existe trois routes aussi bien pour les voyageurs que pour les marchandises, pour parvenir dans la République Sud-Africaine : 1° par le cap de Bonne-Espérance et Kimberley; 2° par le Cap et Natal; 3° par le Cap, Natal et Lourenço-Marquez, baie de Delagoa.

Le trajet d'Angleterre au Cap et à Natal s'opère au moyen des steamers de l'*Union Steamship Company* ou de la *Castle Mail packet C°*, qui partent alternativement chaque semaine de Southampton ou de Dartmouth pour le Cap en touchant à Madère et périodiquement aussi à Lisbonne et à Sainte-Hélène. Peut-être même qu'à l'époque où paraît cette brochure, chaque steamer fait escale, à l'aller et au retour, à Lisbonne en correspondance avec l'express qui fait un service hebdomadaire direct entre cette ville et Calais, par Paris et Madrid, afin d'éviter aux passagers la traversée du golfe de Gascogne (la baie de Biscaye des Anglais), souvent un peu rude pour les voyageurs novices.

Les grands steamers qui desservent cette ligne vont quelquefois aussi jusqu'à Natal, mais généralement le trajet du Cap à Natal et de là à Delagoa Bay s'opère au moyen de vapeurs côtiers sur lesquels on est abominablement secoué neuf fois sur dix.

La durée du trajet de Paris à Pretoria est de 28 à 32 jours

environ, suivant que l'on passe par Kimberley ou par Natal. En voici le détail :

Par Kimberley :

Paris-Londres. Southampton ou Darmouth	1 jour.
Southampton-cap de Bonne-Espérance.	20 —
Le Cap-Kimberley, en chemin de fer . .	1 — 1/2
Kimberley-Johannesburg-Pretoria, en malle-poste.	3 — 1/2
Arrêts en route.	2 —
	28 jours.

Par Natal :

De Paris au cap de Bonne-Espérance. .	21 jours.
Du Cap à Port Durban (Natal)	5 —
De Durban à Ladysmith, en chemin de fer.	1 —
De Ladysmith à Johannesburg et Pretoria, en poste	2 —
Arrêts en route	3 — 1/2
	32 jours 1/2

Les frais pour les deux routes sont :

	PAR KIMBERLEY.		PAR NATAL.	
	1re classe.	2e classe.	1re classe.	2e classe.
	francs.	francs.	francs.	francs.
Paris-Londres	55	45	55	45
Londres-le-Cap (sans boisson).	918	604	918	604
Le Cap-Kimberley	203	135	»	»
Kimberley-Pretoria (Hey's Coach).	212	212	»	»
Le Cap-Durban.	»	»	184	131
Durban-Ladysmith	»	»	65	39
Ladysmith-Johannesburg-Pretoria	»	»	175	175
	1 388	996	1 397	994

Non compris la boisson à bord, les frais de nourriture et d'hôtel à terre.

En prenant l'express de Calais à Lisbonne, le trajet est abrégé d'un jour.

La voie de Delagoa Bay n'est actuellement guère praticable pour les voyageurs. Un service mensuel met ce port en communication avec Durban. Les steamers font le trajet en un jour et demi. De Lourenço-Marquez un chemin de fer se dirige vers la frontière de la République; mais jusqu'à présent son terminus n'est pas en relations régulières avec l'intérieur.

Les marchandises suivent la voie de Natal ou de Kimberley. On préfère souvent cette dernière lorsqu'on veut être à peu près certain de l'arrivée de ses colis. On est, en effet, généralement sûr de trouver des moyens de transport, des charrettes traînées par des bœufs ou des mulets, à Kimberley, qui est une ville commerçante et le centre de l'exploitation des mines de diamant du Cap. De plus, il y a toujours assez d'herbe le long de la route suivie par les voituriers, pour ne pas avoir à craindre que les animaux meurent de faim en hiver, du mois de mai au mois de septembre. Voilà pourquoi on fait usage, la plupart du temps, de la voie de Kimberley, surtout pour les marchandises destinées à Pretoria ou aux mines d'or de Witwatersrand, à 50 kilomètres de Pretoria.

La route de Natal est la plus visitée en été. Mais en hiver, elle offre cet inconvénient qu'il est très difficile de se procurer des charrettes à Ladysmith, le terminus du chemin de fer de la colonie, parce que des boers habitant les hauts plateaux, qui s'étendent des frontières de Natal jusque près de Pretoria et qui sont complètement dénudés en hiver, envoient leur bétail dans le nord où ils trouvent d'abondants pâturages. Dans cette saison, on est, par suite, fréquemment obligé d'attendre deux mois et plus avant que les marchandises puissent parvenir de Ladysmith à Pretoria. Ladysmith a, toutefois, l'avantage d'être plus rapproché des mines d'or de Barberton et de Komati, sur la frontière orientale de la République Sud-Africaine, cette station n'étant qu'à 458 kilomètres de Barberton; tandis que Kimberley en est à 853 kilomètres. On travaille actuellement à la prolongation de la ligne ferrée de Ladysmith à Newcastle. Lorsque ce nouveau tronçon sera terminé, le trajet par charrettes de Natal à Pretoria et à Johannesburg sera abrégé de 104 kilomètres. La distance des stations extrêmes des chemins de fer coloniaux aux principaux centres de la République Sud-Africaine sera, alors comme suit, d'après l'*Almanach Jeppe :*

De Kimberley	à Johannesburg	486	kilom.
—	à Pretoria	536	—
—	à Barberton	853	—
De Newcastle	à Johannesburg	270	—
—	à Pretoria	320	—
—	à Barberton	354	—

La comparaison sera donc tout à l'avantage de la colonie de Natal.

On nous affirme que pour les marchandises pondérantes il y a avantage à les faire débarquer à Port-Élisabeth, pour de là les expédier par chemin de fer à Kimberley, parce que le trajet par chemin de fer est moins long et moins couteux que celui du Cap à Kimberley, tandis que la différence du fret pour le Cap ou Port-Élisabeth est insignifiante.

Il est évident qu'en raison des circonstances que nous venons de signaler, les prix de transport subissent de grandes fluctuations. Tandis qu'ils ne sont que de 12 à 20 francs par 100 kilogrammes de Ladysmith ou de Kimberley à Pretoria en été, ils atteignent souvent en hiver de 50 à 60 francs. Les charrettes traînées par 8 à 10 paires de bœufs transportent de 4 à 6 tonnes de marchandises; celles attelées de 5 à 6 paires de mules, de 3 à 4 tonnes. Ces dernières, plus rapides, se paient aussi d'ordinaire plus cher.

Sur les chemins de fer coloniaux, les frais sont de 5 à 10 francs par 100 kilogrammes de Durban à Ladysmith, et de 8 fr. 75 à 17 francs du Cap à Kimberley, d'après la catégorie des marchandises. Le fret d'Europe au Cap et à Natal varie, selon la nature des objets, de 62 fr. 50 à 125 francs par tonne. A ces frais viennent encore s'ajouter d'innombrables droits de port, de quai, de banque, de commission et autres portés en compte par les différents agents qu'on est obligé d'employer, sans compter les droits de douane perçus dans les colonies de Natal ou du Cap, même sur les marchandises en transit.

Fret et transport compris, tous ces frais s'élèvent, en moyenne, à 30 p. 100 du prix de facture des marchandises.

Il nous reste à parler de la route de Delagoa Bay, qui est incontestablement la plus courte pour arriver dans la République. Malheureusement elle est impraticable, quant à présent. Le port de Lourenço-Marquez est cependant le meilleur et, pour ainsi dire, le seul port de toute la côte orientale d'Afrique. Il est accessible en tout temps et est assez vaste pour abriter sûrement plusieurs flottes réunies.

Il est à une soixantaine de kilomètres, en ligne droite, de la frontière de la République Sud-Africaine. Il y existe, comme nous l'avons dit, une ligne ferrée qui aboutit à dix kilomètres de cette frontière. De plus, un arrangement fait avec le gouvernement portugais permet d'importer les marchandises par cette route en ne payant qu'un droit uniforme de 3 p. 100 de la valeur, tandis qu'au Cap ou à Natal les droits s'élevaient encore il y a peu de temps à 20 p. 100. Ils ont été réduits dernièrement, il est vrai, mais n'en restent pas moins encore trop onéreux pour le commerce.

Malgré tous ces avantages, le port de Lourenço-Marquez est de peu d'utilité pour le trafic avec le Transvaal, parce que la ligne ferrée se termine sur le versant oriental des monts Lebombo, à un endroit où les voituriers ne veulent pas s'aventurer à cause des maladies qui y déciment le bétail. Aussi le trafic de la ligne est-il presque nul. Il en sera toujours de même tant que la Compagnie anglo-portugaise qui l'exploite n'aura pas consenti au règlement des tarifs que lui a proposé la Compagnie hollandaise concessionnaire de la partie du chemin de fer qui doit se rattacher au tronçon existant et mettre ainsi Pretoria en communication avec la baie de Delagoa, par Nelspruit et les monts Lebombo, avec embranchement vers Barberton. Des ingénieurs sont cependant occupés depuis un an à établir le tracé de la ligne sur le territoire de la République et ils sont tout prêts à commencer les travaux dès qu'un arrangement sera intervenu.

Une route de 80 kilomètres environ met Delagoa Bay en communication directe avec le Transvaal, mais elle est peu fréquentée parce que la contrée est insalubre, aride et desséchée.

Différents services de malles-poste existent dans l'intérieur du pays, en correspondance avec ceux des pays voisins, notamment :

	DURÉE du TRAJET.	PRIX par PLACE.
		fr. c.
De Pretoria à Kimberley, par Johannesburg, Potchefstroom, Klerksdorp, tous les jours (Coach de Heys et Cie).	3 j. 1/2	212 »
De Pretoria à Ladysmith, par Johannesburg et Newcastle, le mardi, le mercredi, le vendredi et le samedi.	3 j. 1/2	175 »
De Pretoria à Johannesburg, 3 fois par jour.	5 h. 1/2	25 »
De Pretoria à Barberton et à Lydenburg, par Middelburg, 2 fois par semaine . . . . . . De Pretoria à Marabastadt, Haenertsburg et Klipdam (Zoutpansberg), hebdomadaire . .	3 jours.	200 »
De Johannesburg à Ladysmith, journalier . .	3 jours.	150 »
De Johannesburg à Ladysmith, par Harrismith, le dimanche (Dreyer et Cie).	3 jours.	150 »
De Johannesburg à Kimberley (Jubilee et Victoria line), les lundis, mercredis et samedis (de Kimberley à Johannesburg, 125 fr.). . .	5 jours.	100 »
De Johannesburg à Kimberley (Union line), le mardi	5 jours.	100 »
De Johannesburg à Krugersdorp, tous les jours excepté le dimanche.	»	12,50
De Johannesburg à Blaauwbank, tous les jours excepté le dimanche.		36,25
De Johannesburg à Rustenburg, le samedi . .		50 »
De Johannesburg à Kimberley, par Johannesburg, Potchefstroom, Klerksdorp (Gibson Brothers), tous les jours	2 j. 1/2	intér. 300 » impér. 175 »
De Johannesburg à Aliwal North (Colonie du Cap), par Heilbron, Lindley, Lenekal, Wepener, Rouxville (République d'Orange), hebdomadaire.	6 jours.	188 »
De Barberton à Ladysmith, le lundi ~~et le~~ jeudi.	5 jours.	250 »

LES MINES D'OR
DE LA RÉPUBLIQUE SUD-AFRICAINE

M. Versèlewel de Witt-Hamer, ancien secrétaire du département des mines de la République Sud-Africaine, a bien voulu fournir à la Commission une étude aussi intéressante que complète sur l'histoire, l'organisation, l'administration et la situation des mines d'or de ce pays.

Cette étude est, toutefois, en hollandais et elle nous est parvenue trop tardivement pour qu'une traduction puisse en être faite en temps utile.

Tout en rendant hommage à M. de Witt-Hamer pour son utile coopération, la Commission regrette de ne pouvoir donner qu'un résumé de son consciencieux travail.

La découverte de gisements aurifères dans la République Sud-Africaine remonte à une vingtaine d'années. Mauch et Hartley en avait signalé la présence pendant une de leurs excursions dans le nord du pays. Cette découverte fut confirmée peu d'années après par les travaux d'exploration de sir John Swinbourne dans le district de Zoutpansberg.

Pour encourager les recherches, le gouvernement promit une prime aux inventeurs de gisements exploitables. Les explorateurs se mirent alors sérieusement à l'œuvre et bientôt on annonça que de riches dépôts d'alluvions aurifères avaient été trouvés près de Marabastadt (Zoutpansberg) en 1872 et aux environs de Lydenburg en 1873. En effet, on voit enregistrée dans les journaux du temps la découverte de nombreuses pépites, dont le poids atteignait quelquefois plusieurs livres. Mineurs et aventuriers affluèrent alors pour tenter la fortune dans ces contrées. Plusieurs camps de chercheurs d'or se formèrent à Pelgrimsrest, à Eersteling, à Mac-Mac et dans plusieurs autres endroits et on y vit se réunir plusieurs milliers de mineurs qui, la pioche et le bassin à la main, lavaient consciencieusement les dépôts d'alluvions qui s'étaient formés.

Mais si quelques-uns furent favorisés par la fortune, le plus grand nombre, après des mois, des années, d'infructueux efforts, abandonnèrent leurs travaux. Un de ces derniers écrivait même en 1876 à un journal de Natal que les mines d'or du Transvaal n'étaient qu'un leurre.

Durant l'occupation anglaise, de 1876 à 1880, un ingénieur des mines, M. Kitto, fut chargé par le gouvernement de faire une étude sur les richesses minérales de la contrée. Dans son rapport, cet ingénieur parle avec enthousiasme des mines de cuivre et de fer, mais ne fait qu'incidemment allusion à un gisement aurifère. L'avortement des modestes compagnies qui s'étaient précédemment formées, l'insuccès des placers de Lydenburg et de Zoutpansberg avaient toutefois fait perdre toute confiance et cette constatation passa inaperçue. La seule mine exploitée sous le régime anglais fut une mine de... cobalt!

L'or existait cependant et aussitôt après la rétrocession, en 1881, certains propriétaires et entrepreneurs plus clairvoyants sollicitèrent et obtinrent du gouvernement des concessions pour l'exploitation des mines d'or soit dans leurs propriétés, soit dans les terrains du Domaine. Des compagnies se formèrent, des capitaux furent trouvés; mais toutes ces entreprises mal administrées, mal conduites, n'eurent pas plus de succès que leurs devancières.

Ce ne fut qu'à partir de 1885, lorsqu'on se fut rendu compte de la nature des gisements, que les découvertes se multiplièrent et que leur valeur fut reconnue et parfaitement établie. Les premiers explorateurs, et parmi eux se trouvaient cependant nombre de mineurs australiens se disant expérimentés, ne recherchaient, en effet, que les alluvions aurifères. Il fallut que le hasard leur enseigne que c'étaient ces cailloux, ce minerai qu'ils dédaignaient auparavant qui contenaient le précieux métal.

Il existe actuellement dans la République Sud-Africaine dix zones aurifères proclamées, appelées *champs d'or*, en style administratif.

Ce sont :

1° La zone aurifère de la vallée du *Kaap*, dans le district du Lydenburg, entre le Crocodile et le Lepongwana River, traversée par la rivière du Kaap. Elle est divisée en deux parties : la zone du *Noordkaap*, qui a pour centres de population Kaapschehoop ou Duivelskantoor, le chef-lieu, et Jamestown; et la zone du *Zuidkaap*, chef-lieu Barberton, avec les agglomérations de Driezusters et d'Eureka-City.

Les propriétés aurifères de la compagnie *Moodie*, sur le versant sud des monts Saddleback qui forment la limite méridionale de la vallée du Kaap, ressortent administrativement du commissaire des mines de Baberton.

2° La zone de *Komati*, au sud de la vallée du Kaap, sur les bords du Komati, chef-lieu Steynsdorp;

3° La zone de *Witwatersrand*, rangée de collines qui s'étend sur les districts de Pretoria, de Heidelberg et de Rustenburg, ayant pour chef-lieu la ville de Johannesburg et comme agglomérations Boksburg, qui devient un centre houiller important, et Elsburg;

4° La zone de *Krugersdorp*, qui comprend une partie des

districts de Pretoria et de Rustenburg, et a pour centre Krugersdorp et Blaauwbank ;

5° La zone de *Roodepoort*, dans le district de Heidelberg, chef-lieu Greylingstad ;

6° La zone de *Schoonspruit*, district de Potchefstroom, avec les centres miniers de Klerksdorp et de Katdoornbosch ;

7° La zone de *Rooderand*, dans le même district, sur le Vaal, chef-lieu Venterskroon ;

8° La zone de *Malmani*, dans le district de Marico, sur la frontière ouest, chef-lieu Ottoshoop ;

9° La zone de *Marabastadt*, dans le district de Zoutpansberg, chef-lieu Smitsdorp ;

10° La zone de *Houtboschberg*, même district, chef-lieu Haenertsburg.

Enfin on s'attend prochainement à la proclamation d'une onzième zone, celle de la *Murchison's Range*, sur le Crocodile River, à trois journées de route au nord de Lydenburg, où d'importantes découvertes de gisements aurifères viennent d'être signalées.

D'après l'Annuaire de Fred. Jeppe pour 1889, voici quelle était l'étendue des différentes zones proclamées jusqu'au mois d'octobre 1888 :

Zone de Kaap.	252 158	hectares.
— de Witwatersrand	62 415	—
— de Komati	21 904	—
— de Malmani.	14 034	—
— de Rooderand.	5 992	—
— de Schoonspruit.	48 599	—
— de Roodepoort.	28 079	—
— de Marabastadt	17 805	—
— de Houtboschberg	32 684	—
	485 670	hectares.

Depuis cette époque, le gouvernement a encore proclamé :

Les fermes de Tygerfontein et de Kromdraai (zone de *Rooderand*).	2 393	hectares.
Celles de Heksrivier et de Varkensfontein (*Roodepoort*)	5 794	—
Celles de Rhenosterspruit et de Palmietfontein (*Schoonspruit*). . .	9 312	—
Celles de Dwarsvlei et de Sterkfontein (*Krugersdorp*).	5 043	—
Dans la zone de *Komati*, la ferme de Doornhoek et un terrain domanial, environ	3 000	—
Dans la zone de *Marabastadt* . . .	4 200	—
Dans la zone de *Malmani*, ferme de Kruisvier.	2 277	—
	32 019	hectares.

Ce qui porte l'étendue des zones proclamées à 517 689 hectares.

ADMINISTRATION DES MINES

D'après la législation et les règlements actuels, à la tête de l'administration minière se trouve le chef du département des mines à Pretoria. Il est assisté d'un ingénieur pour la partie technique, d'un secrétaire et de plusieurs commis. Il est responsable de sa gestion vis-à-vis du Conseil exécutif qui peut le consulter dans toutes les affaires concernant son département.

Il a sous ses ordres dans chaque zone minière proclamée un commissaire des mines qui est assisté d'un inspecteur de claims et de commis.

Dans chaque zone importante siège un bailli spécial qui

est revêtu des pouvoirs judiciaires attribués aux baillis, mais seulement dans l'étendue du ressort qui lui est assigné.

A défaut de bailli spécial, c'est le commissaire des mines qui rend la justice. Il est alors assisté d'un accusateur public, remplissant en même temps les fonctions de greffier.

Le commissaire des mines a dans ses attributions ordinaires la perception des impôts, taxes et redevances; il délivre les permis d'exploitation, les licences ou permis d'explorateur et de mineur et il veille à l'observation et à l'exécution des lois et règlements sur les mines avec l'assistance de l'inspecteur de claims.

Dans chaque zone proclamée se trouve aussi un comité de mineurs dont 9 membres sont élus par les titulaires de licences de mineur et d'explorateur et 5 par les propriétaires des fermes ou terrains proclamés. Ce comité, dont le commissaire des mines est président de droit, est chargé d'élaborer les règlements intérieurs sur l'exploitation et la zone proclamée et sur la répartition des eaux.

EXPLOITATION DES MINES

Le droit d'exploiter des mines dans la République Sud-Africaine peut s'acquérir de trois manières différentes :

1° En vertu d'une concession ;

2° En vertu d'un bail minier ou permis d'exploitation ;

3° En vertu de la proclamation des terrains miniers par le gouvernement.

La *concession* est le droit accordé au propriétaire ou fermier d'exploiter les mines qui se trouvent dans sa propriété, moyennant une redevance annuelle, soit fixe, soit proportionnée au produit.

Le système des concessions avait été adopté au début de la découverte des mines d'or pour encourager les travaux d'exploration. Il a, toutefois, été abandonné au grand avantage du Trésor. Aussi, des 59 concessions accordées jadis, il n'en subsiste plus que 21 dont plusieurs sont même en litige, faute de paiement de la redevance. Ces concessions sont, par ordre de date, celles du :

10 novembre 1881, pour l'exploitation des mines de la ferme de Ponieskrantz, moyennant. . .	25 000	fr. par an.
5 mai 1882, pour l'exploitation de la ferme de Morgenzon. . . .	3 750	—
3 juillet 1882, pour l'exploitation de la ferme de Spitzkop . . .	6 250	—
7 juillet 1882, pour l'exploitation d'une partie de la ferme de Geelhoutboom	2 075	—
31 juillet 1882, pour l'exploitation de la ferme de Graskop. . . .	25 000	—
30 mars 1883, pour l'exploitation de la ferme de Geelhoutboom (partie)	6 250	—
9 avril 1883, pour l'exploitation des fermes de Hendriksdal et autres.	12 500	—
15 avril 1883, pour l'exploitation de la ferme de Berlyn. . . .	11 150	—
5 août 1883, pour l'exploitation dès mines de la ferme de Rotunda Creek, moyennant.	3 750	—
10 août 1883, pour l'exploitation dans les terrains communaux de Lydenburg.	25 000	—
7 septembre 1883, pour l'exploitation des fermes de Ledophine et autres.	6 250	—

19 novembre 1883, pour l'exploitation de la ferme de Berlyn . .	6 250 fr. par an.
6 janvier 1884, pour l'exploitation de la ferme de Lisbon	6 250 —
26 janvier 1884, pour l'exploitation de la ferme de Paardeplaats, en trois parties, moyennant . .	3 750 fr. chaque.
26 janvier 1884, pour l'exploitation de la ferme de Waterval.. . .	6 250 fr. par an.
14 janvier 1884, pour l'exploitation des mines, dans des terrains domaniaux de la vallée du Kaap (concession Munett)	3 750 —
25 juillet 1885, pour l'exploitation de la ferme de Wilgespruit . .	6 250 —
31 juillet 1885, pour l'exploitation de la ferme d'Oorschot. . . .	6 850 —
31 juillet 1885, pour l'exploitation de la ferme d'Anreide	6 250 —
23 octobre 1885, pour l'exploitation d'Onverwacht.	6 250 —
23 octobre 1885, pour l'exploitation de terrains miniers, de la vallée du Kaap (concession Fraser).	3 750 —

Toutes ces fermes sont dans le district de Lydenburg.

BAIL MINIER OU PERMIS D'EXPLOITATION

Lorsqu'un propriétaire découvre dans ses terres des gisements exploitables, il peut obtenir du gouvernement un permis d'exploitation nommé *bail minier*, lui donnant le droit de rechercher et d'exploiter des mines dans une étendue de terrain ne pouvant dépasser le dixième de la superficie de sa propriété, moyennant une redevance annuelle de 10 shellings (12 fr. 50) par morgen (85 ares) ou de 2 1/2 p. 100, du produit des mines, au choix du gouvernement.

Lorsque le propriétaire n'exploite pas ou ne cède pas son bail minier et qu'il fractionne les terrains de son bail en *claims* pour les laisser occuper et exploiter par des mineurs isolés ou syndiqués ou par des compagnies, il touche alors les trois quarts du produit des licences ou permis qui doivent être pris pour chaque claim. Le 4e quart revient au gouvernement.

Proclamation. — En vertu du droit qu'il a seul la disposition des pierres et métaux précieux trouvés dans le sol, le gouvernement peut proclamer ouvert aux explorateurs et mineurs tout terrain privé ou domanial, dans lequel des gisements exploitables ont été découverts ou sont supposés exister; c'est-à-dire que toute personne de race blanche, munie d'un permis ou licence d'explorateur, délivré par le commissaire des mines ou bailli, à raison de 6 fr. 25 ou 9 fr. 35 par mois, suivant qu'il s'agit de terrains privés ou de terrains domaniaux, peut prendre possession, en la marquant, d'une parcelle (*claim*) du terrain proclamé pour y rechercher les gisements qui pourraient s'y trouver. Pour exploiter ensuite le gisement, le titulaire du claim doit se munir d'une licence de mineur dont le coût est de 25 francs par mois.

La grandeur des claims varie suivant qu'il s'agit de dépôts d'alluvions, de veines ou filons de minerais métallifères ou de pierres précieuses. Le claim sur un dépôt d'alluvions est un carré de 45 mètres de côté, sur des veines ou filons de 45 mètres de large sur 120 mètres de long, et sur des dépôts de pierres précieuses, un carré de 9 mètres de côté. Nul ne peut détenir à la fois plus d'un claim d'alluvion et un claim de filon dans la même zone minière, à moins que plusieurs titulaires de claims adjacents ne se syndiquent en payant une certaine redevance. Chacun d'eux peut alors individuellement posséder un autre claim. Les claims peuvent être vendus, cédés, transférés comme toute autre propriété. Ils ne peuvent toutefois être hypothéqués qu'après avoir été spécialement enregistrés à cet effet, après annonces et paiement d'une taxe fixe.

Avant toute proclamation d'un terrain privé, le propriétaire a le droit de se réserver un bail minier et, en outre, 15 claims francs. Après la proclamation, il touche la moitié du produit des licences d'explorateurs et de mineurs et la totalité des licences d'emplacements pour habitations, magasins, etc., sur sa propriété.

Par le fait de la proclamation, le propriétaire n'est pas dépossédé. Le fonds lui reste. L'État lui en enlève seulement la jouissance, et comme indemnité lui donne une partie, la moitié au moins, du produit des licences d'explorateur, de mineur et d'emplacement.

L'explorateur permissionné qui a découvert un gisement exploitable a également le droit de prendre un claim spécial avant toute autre personne dans la propriété à proclamer.

Tout détenteur d'un claim doit l'exploiter ou le travailler régulièrement sous peine de déchéance. Toutefois, lorsque plusieurs détenteurs de claims adjacents, dont le nombre ne peut dépasser 12, se sont syndiqués, il suffit qu'un des claims syndiqués soit travaillé. Le défaut de paiement chaque mois de la licence entraîne également la déchéance.

Bien entendu, la possession d'une licence ou d'un permis de l'autorité ne donne pas *ipso facto,* au titulaire, le droit d'explorer les propriétés privées non proclamées. Il faut qu'il en obtienne, au préalable, l'autorisation du propriétaire qui peut faire avec l'explorateur tel arrangement qu'il lui convient.

Lorsqu'une nouvelle zone minière est ouverte, une agglomération de population ne tarde pas à se former. Une partie des terrains en dehors des mines est alors divisée en parcelles (*stands*) de 15 mètres de côté ou de 15 mètres sur 30 mètres qui sont données en location pour 99 ans, moyennant une redevance mensuelle, nommée *licence de stand*, de 12 fr. 50 ou 18 francs suivant la dimension. Seulement, comme il y a une grande compétition et comme certains emplacements sont plus recherchés les uns que les autres, ces baux sont mis aux enchères et on a vu souvent payer 25 000 francs et plus pour les obtenir. Cette prime profite naturellement au propriétaire ou au Trésor lorsqu'il s'agit de terrains domaniaux. A défaut de paiement de la licence ou redevance mensuelle, le titulaire d'un stand perd également tous ses droits.

Telles sont sommairement les dispositions qui régissent les mines d'or, d'argent et de pierres précieuses dans la République Sud-Africaine. Elles ont été étendues récemment aux mines de mercure. Quant aux autres minéraux, aucune loi n'a encore été édictée pour en réglementer l'exploitation et l'administration.

LES MINES DE LYDENBURG

Les mines de Lydenburg, c'est-à-dire celles qui existent dans ce district en dehors de celles du Kaap, de Moodie et de Komati, sont les plus anciennes du pays et ont été placées dès 1873 sous le contrôle d'un commissaire. Ce fonctionnaire devint, toutefois, inutile lorsque, par suite de l'adoption du système des concessions, tous les mineurs furent expropriés des terrains qu'ils occupaient.

Les propriétés ou fermes qui attiraient le plus l'attention des chercheurs d'or étaient celles de Ponieskrantz, de Waterval (actuellement Lisbon-Berlyn), de Mac-Mac, de Spitzkop, etc. Des compagnies furent formées pour leur exploitation, entre autres la *Transvaal gold and land exploration C°*, la *Lisbon-Berlyn gold Mining C°*, la *Spitzkop G. M. C°*, la *Balkis G. M. C°*, la *Ross hill G. M. C°*, la *Gold estates* (*Transvaal*) ou *Nooitgedacht estates and G. M. C°*, la *Graskop gold and store C°* et quelques autres de moindre importance, mais la plupart ont subi plusieurs reconstitutions avant d'arriver à fonctionner sérieusement.

Voici quelles étaient les compagnies possédant ou occupées à établir des batteries au commencement de cette année :

Transvaal G. and land expl. C°	25	bocards.
Graskop	20	—
Francfort mineral developing Syndicate.	5	—
Gold estates (avec 15 en voie d'érection). .	3	—
New Ross hill.	10	—
Lisbon-Berlyn (60 bocards sur place dont 20 ont été renvoyés à Johannesburg).	10	—
Finsburg G. M. C° (en cours d'érection). .	10	—
Morgenzon G. M. C°.	15	—
	98	bocards.

D'après les journaux locaux, le rendement des mines de Lydenburg a été, en 1887, de 8 000 onces d'or (1 once troy = 31^{gr},0912) et premier semestre de 1888, 4 500 onces d'or.

Nous n'avons pu établir la part de chaque compagnie dans cette production. Voici cependant le rendement accusé par quelques-unes d'entre elles :

Francfort mineral devel. S., en 1888. .	30	onces.
Gold estates, en 1887	700	—
— en 1888	124	—
Graskop (alluvions et filons), en 1888. .	2 654	—
— — — février 1889.	141	—
— — — mars 1889. .	209	—
A reporter.	3 858	onces.

Report		3 858	onces.
Lisbon-Berlyn (alluvions), en 1888.		244	—
Morgenzon		240	—
Spitzkop (alluvions), de 1886 à 1888.		1 000	—
Transvaal G. and land expl. C°, en 1886.		492	—
—	— en 1887.	1 132	—
—	— en 1888.	3 297	—
—	— janvier 1889.	285	—
—	— février 1889.	1 130	—
—	— mars 1889.	915	—
		12 593	onces.

Les actions de 25 francs de quelques-unes de ces entreprises étaient cotées comme suit à Londres, le 3 février dernier :

Balkis consolidated C°	de 12 à 13 shellings.
Lisbon-Berlyn	de 3 à 3 — 1/2.
Spitzkop	de 4 à 4 — 1/2.
Transvaal G. and land expl. C°	de 10 à 11 — 1/2.

Et en Afrique, au mois d'avril 1889 :

Balkis	8 shellings.
Ross hill	12 —

Les autres, sans transaction (le shelling vaut 1 fr. 25).

LES MINES DU KAAP

Dès 1883, nombre de chercheurs d'or revenant des placers de Lydenburg s'étaient dirigés vers un massif de rochers à pic qui avance comme un promontoire (*kaap*) sur la vallée du Kaap, et auquel, en raison du bouleversement que le sol semble avoir subi en cet endroit, les Boers ont donné le nom de *Duivelskantoor* (comptoir du Diable). Il y existait, disait-on, de riches gisements d'alluvions aurifères. Quelques heureuses trouvailles y furent faites, en effet; mais comme l'eau manquait complètement pour le lavage des terres, les travaux furent abandonnés.

Les mineurs se répandirent alors, en désespoir de cause, dans la vallée du Kaap réputée jusqu'alors inhabitable à cause des fièvres paludéennes qui y décimaient, disait-on, hommes et animaux. D'autres, et parmi eux un Français, M. Auguste Robert, plus connu en Afrique sous le sobriquet de *French Bob*, et plusieurs Anglais comme MM. Barber, Edwin Bray, pour ne citer que les plus connus, explorèrent surtout les montagnes et collines environnantes avec ce résultat que, dans l'espace de moins d'une année, on constata qu'une grande partie de la vallée du Kaap et de la rangée de montagnes qui la borde au sud était sillonnée de nombreux filons aurifères plus ou moins riches, plus ou moins puissants, dont l'exploitation donna lieu à l'établissement d'une infinité de compagnies et de syndicats.

Le développement que prit subitement l'industrie minière dans la vallée du Kaap nécessita sa division en deux zones aurifères distinctes : la partie Nord (Noordkaap) et la partie Sud (Zuidkaap).

L'exploitation des mines du Noordkaap, après un succès plus factice que réel, a subi une forte dépression. Elle semble maintenant tant soit peu s'en relever, à en juger par l'augmentation des revenus qu'en retire le Trésor, ainsi que l'établit le tableau n° 1. C'est là, sans doute, le résultat de la découverte de quelques pépites, entre autres d'une qui pesait 185 onces dont on peut voir la photographie à l'Exposition. Cette découverte a de nouveau attiré l'attention sur les dépôts d'alluvions aurifères de Kaapschehoop (Duivelskantoor) et encouragé des capitalistes à aviser aux moyens de se procurer l'eau nécessaire pour leur exploitation.

C'est dans cette partie de la vallée que se trouvent les concessions *Fraser*, *Shires*, *Mundt* et *Barret*, les compagnies du *Gem*, de *Cerro de Pasco*, *Albion*, *Consort*, *Big golden quarry*, *Criterion*, *Mount Morgan*, les syndicats de *Cordilleras*, *Golden*, *Snake*, *Tay of Agra*, *Pinetown*, *Potosi*, *Columbia*, *Liverpool*, *Inniskilling*, *Prince-Albert*, *Blue Jacket*, *Francfort*, *Waterval*, fondés pour la plupart pour l'exploitation des dépôts d'alluvions.

C'est dans la zone du Zuidkaap que se trouvent les mines les plus connues de cette partie du Transvaal. Nous ne pouvons en donner la description dans cet aperçu. Nous nous bornerons à citer la célèbre mine du *Sheba* qui occupe une vingtaine de claims. Fondée originairement au capital de 375 000 francs, cette entreprise a produit depuis sa fondation en 1886 un peu plus de 41 000 onces (1 274 kilogrammes) d'or avec une moyenne de rendement de 150 grammes d'or par tonne de minerai.

La Compagnie a toutefois eu à lutter contre de nombreuses difficultés. Sa batterie étant fort éloignée de la mine, les frais d'extraction, de transport et de traitement n'ont jamais été inférieurs à 100 francs par tonne. On compte réduire considérablement ces dépenses par l'établissement d'un tramway funiculaire allant de l'ouverture des galeries d'extraction à l'emplacement où s'opère le bocardage.

Les actions de 25 francs, après avoir atteint une valeur de plus de 2 000 francs, sont retombées à 750 francs. La Compagnie a alors été reconstituée au capital de 15 millions de francs.

Voici quel a été le rendement de la mine du Sheba depuis sa découverte :

En 1886 . .	1 225 T	de minerai	ont produit	8 892	onc. d'or.
En 1887 . .	3 048	—	—	11 571	—
En 1888 . .	3 806	—	—	15 352	—
Févr. 1889 .	674	—	—	633	—
Mars 1889 .	709	—	—	2 770	—
Avril 1889 .	690	—	—	2 229	—
	10 152	tonnes.		41 447	onc. troy.

Au mois d'avril 1887, deux compagnies seulement avaient établi des batteries pour le bocardage de leur minerai dans la vallée du Kaap. Au mois de juin de la même année, 7 batteries avec 85 bocards avaient été construites. D'après un journal local, 81 compagnies au capital nominal de 112 687 500 francs s'étaient constituées jusqu'au mois de mars 1888 pour l'exploitation des mines du Kaap et de Moodie dont nous parlerons plus loin. Elles possédaient 201 bocards. Au mois d'octobre de la même année, sur les 43 batteries avec 482 bocards qui existaient, il n'y avait que 10 batteries à l'œuvre. Enfin 19 batteries, avec 169 bocards, fonctionnaient au commencement de cette année.

Le tableau n° 2 résume les renseignements que le gouvernement a pu obtenir sur la situation des mines du Kaap pendant l'année 1888.

Nous avons de plus consigné dans le tableau n° 3 les données que nous avons recueillies sur le rendement des mines du Kaap, dans les journaux du pays.

Ces données sont évidemment incomplètes, mais concordent à peu près avec celles que donnent M. Fred. Jeppe dans son Annuaire pour 1889. D'après lui, les banques de Barberton (Zuidkaap) auraient reçu, pendant les 9 premiers mois de 1888, 33 693 onces d'or provenant des mines du Kaap et de Moodie, ce qui mettrait la production mensuelle à 3 740 onces, tandis que celle de Witwatersrand est actuellement de 27 à 30 000 onces par mois. Ce même auteur publie la liste de 174 compagnies, au capital nominal de 236 875 000 francs, établies pour l'exploitation des mines de Lydenburg, du Kaap, de Moodie et de Komati et se répartissant comme suit :

Lydenburg. . .	19 compagnies,	capital	68 025 000 fr.
Vallée du Kaap.	129 —	—	132 050 000 —
Moodie.	18 —	—	24 950 000 —
Komati	8 —	—	11 850 000 —
	174 compagnies		236 875 000 fr.

Si on compare les résultats des mines du Kaap à ceux obtenus à Witwatersrand, on pourrait croire à l'infériorité des premières. Cette infériorité provient, toutefois, moins des mines elles-mêmes que des circonstances qui ont entravé leur développement.

Voici comment s'exprimait à cet égard l'agent britannique à Pretoria, qu'on ne saurait taxer de partialité, dans un rapport au Board of Trade, à la suite d'une visite faite par lui à Barberton :

« L'insuccès des mines du Kaap a pour causes, dit-il :

« 1° Exploitation sans tenir compte des règles de l'industrie minière et incapacité du gérant ;

« 2° L'absorption par les vendeurs de la plus grosse partie du capital ;

« 3° L'insuffisance, dans presque tous les cas, du capital nécessaire pour le développement et l'exploitation des mines ;

« 4° L'élévation des frais de transport du matériel ;

« 5° L'éloignement des mines de leur batterie et les difficultés de transport du minerai ;

« 6° La tendance de nombre de directeurs promoteurs à obtenir un succès temporaire afin de pouvoir écouler leurs actions sans s'inquiéter de l'avenir de l'entreprise ;

« 7° L'incurie des administrateurs et le gaspillage des fonds sociaux dans certains cas, et dans d'autres la distribution de dividendes fictifs. »

La leçon semble avoir profité, car on opère maintenant d'une façon plus systématique : les compagnies se syndiquent pour l'établissement de tramways afin de diminuer les frais d'exploitation ; les incapacités ont été évincées et on a compris qu'il s'agissait de travailler sérieusement.

Tableau du rendement des impôts, taxes et redevances dans les zones aurifères du Noordkaap, du Zuidkaap et de Komati, en 1887 et 1888 (en francs).

NATURE DES REVENUS.	NOORDKAAP.		ZUIDKAAP.		KOMATI.	
	1887	1888	1887	1888	1887	1888
	francs.	francs.	francs.	francs.	francs.	francs.
Licences d'explorateurs	87 825	196 125	207 575	422 750	33 475	77 325
— de mineurs	74 950	143 125	250 475	124 425	20 325	6 575
Vente du droit d'emplacement	»	»	»	»	8 000	350
Licences d'emplacement	3 450	8 275	241 525	147 050	16 925	10 400
	166 225	347 525	699 575	694 225	78 725	94 650
A restituer aux propriétaires des terrains sur le produit des licences	675	1 250	75	»	»	2 625
	165 550	346 275	699 500	694 225	78 725	92 025
Permis de coupe de bois	4 475	4 975	15 625	35 075	900	1 600
Droits de douane	25 075	15 500	1 051 975	586 075	86 850	25 200
— de marché	»	»	7 200	2 100	»	225
Patentes	9 250	26 250	85 300	171 250	22 625	26 900
Droits de transfert	4 875	7 925	49 400	20 325	3 450	775
Contribution personnelle	»	6 950	»	33 725	»	4 650
Amendes, frais de justice	1 300	8 425	19 975	38 425	1 225	1 850
Divers	4 500	1 150	14 600	28 075	4 000	1 975
Recettes nettes	215 025	417 450	1 943 575	1 609 275	197 775	155 200

Renseignements sur quelques compagn

NOMS des COMPAGNIES.	NOMBRE de claims.	CAPITAL en FRANCS.	CAPITAL affecté à l'exploitation.	NOMBRE de bocards établis.	FORCE MOTRICE.	OUV Bla
		francs.	francs.			
City of Grahamstown G. M. Cº	8	750 000	250 000	10	Vapeur.	
E. Bry golden quarry.	6	625 000	162 500	»	»	
Figaro G. M. Cº . . .	18	2 500 000	1 125 000	»	»	
Great She G. M. Cº .	150	11 250 000	2 500 000	»	Eau.	
Joe'sluck et Bon Accord G. M. C . . .	54	1 500 000	500 000	5	Vapeur.	
Kimberley Imperial Cº	36	2 500 000	250 000	»	»	
Kriel's oriental Cº. .	33	3 000 000	1 500 000	50	Eau.	
New Bonanza Cº. . .	18	1 250 000	500 000	10	Id.	
Pandora Sheba Syndicate	12	»	»	»	»	
Revolver G. M. Cº . .	72	3 125 000	500 000	10	Vapeur.	
Scottsman G. M. Cº .	36	1 500 000	250 000	10	Id.	
Sheba G. M. Cº . . .	20	15 000 000	1 650 000	20	Id.	
Thomas G. M. Cº . .	12	2 500 000	500 000	10	Id.	
Victoria G. M. Cº . .	12	450 000	225 000	20	Eau.	
Victory United G. M. Cº	62	3 125 000	750 000	10	Id.	

Zuidkaap en 1888.

…ÉS. …es.	PROFONDEUR d'extraction.	LARGEUR du FILON.	NOMBRE de tonnes de minerai bocardées	RENDEMENT en onces (1 oz = 31 gr. 0912.	RENDEMENT par tonne de 1016 kilogr.	VALEUR du rendement.	OBSERVATION.
	mètres.	mètres.				francs.	
0	9	1,92	25	130	5 1/2	13 000	
0	45	7,20	»	»	»	»	
0	7,50	7,20	10	37 1/2	3 3/4	3 500	Réserve 250 000 fr.
0	Surface.	14,40	»	»	»	»	Exploitation hydraulique.
7	9 à 27	1,80	183	260	1 oz 8 1/2 p. (44 gr.)	36 800	
0	Surface.	1,20	50	400	8 vz.	»	
5	Id.	7,80	1 525	838	11 pw. (17gr,099)	67 400	
0	90	3,60	38	23	12 pw. (18gr,65)	2 000	
2	37,50	0,70	»	»	»	»	
3	18 à 16	0,60	»	»	»	»	
0	30	0,90	»	»	»	»	
0	15 à 170	30 »	8 000	33 000	4 oz.	3 258 750	En deux ans.
0	18 à 54	1,20	426	1 759	4 oz.	186 875	
5	72	2,70	11 000	8 210	15 pw. (23gr,31)	810 750	Depuis sa fondation.
0	18 à 54	1,35	331	496 1/2	1 oz 1/2	93 425	

Tableau du rendement des mines du Kaap d'après les comptes rendus des journaux.

(QUANTITÉS EXPRIMÉES EN ONCES TROY DE 31GR,0912.)

NOMS DES COMPAGNIES ou syndicats.	1886	1887	1888	1889				TOTAL.
				Janvier.	Février.	Mars.	Avril.	
Albion (jusqu'en fév. 89)	»	»	»	»	731	»	»	731
Barret's Berlin	2 760	1 012	279	»	90	193	175	4 509
Blue Rock	»	212	139	»	»	»	»	351
E. Bray's golden quarry	»	132	850	»	»	»	»	982
Bullion	»	»	»	»	»	»	441	441
Caledonian	»	»	»	665	»	»	»	665
Central	»	»	147	»	»	»	»	147
Cerro de Pasco	»	58	»	»	950	»	»	1 008
Consort (jusqu'au 31 janvier 1889)	»	»	»	5 430	»	533	324	6 287
Criterion	»	30	»	»	»	»	»	30
Day Dawn	»	12	»	»	»	»	»	12
Eureka	»	34	»	»	»	»	»	34
Figaro	»	»	37 ½	»	»	»	»	37
Gem	»	47	»	»	»	»	»	47
Golden crown	»	169	»	»	»	»	»	169
Golden vein	»	51	»	»	»	»	»	51
Grahamstown (city of)	»	»	130	305	»	»	»	435
Great Britain	»	»	71	»	»	»	»	71
Great She	»	»	80	»	»	»	»	80
Irving	»	320	»	»	»	»	»	320
Joc's luck et Bon Accord	»	»	200	»	»	72	»	332
Kidson	»	193	792	»	»	»	»	985
Kimberley Imperial	»	239	400	»	700	»	»	1 339
Kimberley Sheba	»	»	589	440	»	»	»	1 029
Kriel's Oriental	»	560	838	»	»	»	»	1 398
Lily reef	»	»	545	»	»	»	»	545
New Bonanza	»	22	»	»	»	»	»	22
New Callao	»	87	»	»	»	»	»	87
Nil desperandum	»	»	86	»	»	»	»	86
Republic	»	2 214	103	»	»	»	»	2 317
Revolver	»	22	50	»	214	78	»	364
Roartey's G. M. et prosp. Co	»	»	52	»	»	»	»	52
Rosie's fortune	»	»	45	»	»	»	»	45
Sheba	8 892	11 571	15 352	»	633	2 770	2 229	41 447
Thomas	123	1 058	1 759	»	»	»	»	2 939
True blue	»	44	»	»	»	»	»	44
Victoria	5 500	2 033	2 521	»	»	238	»	10 292
Victory	»	153	496	»	»	»	»	649
Weenen County	»	»	150	»	»	»	»	150
	17 275	20 272	25 771 ½	6 840	3 318	3 884	3 169	80 529

LES PROPRIÉTÉS AURIFÈRES DE MOODIE

M. Moodie, arpenteur, avait été chargé d'une mission géodésique par le gouvernement de la République Sud-Africaine. Comme rémunération, il obtint, à défaut d'argent, quelques fermes au sud de la vallée du Kaap.

Des filons aurifères ayant été découverts dans ses propriétés par Robert, Barber et leurs compagnons, M. Moodie, après avoir obtenu des concessions du gouvernement, céda tous ses droits à une Compagnie au capital de 6 millions de francs, la *Moodie's Gold mining and exploration Company*, moyennant 12 000 actions de 25 francs libérées.

Au lieu d'exploiter elle-même, la Compagnie a parcellé ses terrains et les afferme à des compagnies, syndicats ou mineurs isolés qui lui paient une redevance mensuelle fixe et, en outre, 5 p. 100 du produit brut des mines.

Au 31 mars 1888, 24 compagnies et 14 syndicats exploitaient une vingtaine de filons et de gisements aurifères existant dans les propriétés de la Compagnie Moodie et ils ont payé à cette dernière pour 245 150 francs de redevance en un an. Jusqu'à cette époque la Compagnie avait donné 25 p. 100 de dividende.

Les compagnies tributaires de la *Moodie's G. M. and expl. C°* étaient au 1er janvier 1889 :

L'*Abbot's reef G. M. C°*, au capital de	300 000	francs.
L'*Alpine C°*	625 000	—
La *Barberton Gold Mines C°* . . .	3 125 000	—
La *Ben Lomond G. M. and prospecting C°*.	300 000	—
La *Brighton reef C°*	1 400 000	—
A reporter. . . .	5 750 000	francs.

Report	5 750 000	francs.
La *Cornish C°*	375 000	—
La *George Walker Moodie's C°* . .	1 250 000	—
La *Durham « Allen's reef » G. M. C°.*	1 250 000	—
La *Moodie's Goldenhill C°*. . . .	825 000	—
La *Golden Shebang developing et G. M. Syndicate*.	600 000	—
La *Great Scot C°*.	1 250 000	—
La *Highland reef C°*.	300 000	—
La *Lester G. M. C°*.	625 000	—
La *Mount Edgecombe C°*.	625 000	—
La *Mount Morgan C°*	1 875 000	—
La *Tiger Trap C°*.	875 000	—
L'*Union C°*.	500 000	—
L'*United Ivy C°*	625 000	—
L'*United Pioneer C°*.	3 500 000	—
La *Woodward & Walker's G. M. C°*.	1 250 000	—
	21 475 000	francs.

Ces compagnies avaient établi à la même époque 12 batteries avec 118 hectares pour le traitement de leur minerai, dont 10 mues par une turbine ou une roue hydraulique et 2 à vapeur. Les batteries hydrauliques sont celles de :

L'*Alpine C°*.	2	bocards.
Cornish	10	—
Goldenhill	5	—
Highland.	6	—
Mount Morgan	6	—
Rosetta (reprise par la *C° Moodie*). . . .	15	—
Union	10	—
United Ivy	6	—
United Pioneer	42	—
Woodward and Walker.	3	—

Les deux batteries à vapeur appartiennent :

A la *Brighton C°*. . . . . 10 bocards.
Et au *Woodbine Syndicate*. . . . . 3 —

Ces batteries entreprennent aussi à forfait le bocardage du minerai des autres compagnies minières.

D'après les rapports mensuels de la Compagnie Moodie, le rendement de toutes les compagnies et de tous les syndicats qui exploitent des mines dans ses propriétés, a été comme suit :

	Nombre de tonnes de minerai traité.	Rendement en onces d'or.
1884	»	95
1885	4 467	6 479
1886	5 922	9 419
1887	7 645	8 706
1888	9 515	9 542
1889 (4 mois)	4 370	3 820
	31 919	38 061

La Compagnie Moodie exploite elle-même un de ses gisements qui produit en moyenne 100 onces d'or par mois.

Les actions de 25 francs de quelques-unes de ces entreprises étaient cotées comme suit, en Afrique, en avril 1889 :

Abbot	5	shellings.
Alpine.	30	—
Goldenhill	22	—
Highland.	10	—
Ivy	12	—
Moodie G. M. and expl. C°	40	—
Union.	120	—
United Pioneer	37	—

M. de Witt-Hamer nous a fourni sur les mines de Moodie les renseignements résumés dans le tableau ci-après.

Gisements aurifères exploités

NOMS DES COMPAGNIES OU SYNDICATS.	NOMS DES FILONS exploités.	NOMBRE de CLAIMS.	NOMBRE de BOCARDS.	FORCE MOTRICE.	NOMB[...] D'OUVRI[...] Blancs.	N[...]
Brighton Gold mining Company.	Brighton.	10	10	vapeur.	7	
Alpine G. M. C°	Alpine.	19	2	eau.	3	
Rosetta G. M. C°	Barber's.	10	15	Id.	»	
Mascotte Syndicate	Id.	5			»	
Mount Edgecombe G. M. C°. . .	Dempsters.	12	»	»	»	
Durham Allen's reef C°	Durham.	11	»	»	»	
Moodie's Goldenhill C°	Goldenhill.	6	5	Id.	»	
New Hibernia S.	Hibernia.	15	»	»	»	
United Ivy C°	Ivy.	24	6	Id.	»	
Snowdon S.	Id.	20	»	»	»	
Ben Lomond C°.	Id.	10	»	»	»	
United Pioneer C°	Id.	12	42	Id.	»	
Highland reef C°.	Id.	13	6	Id.	»	
Woodbine S	Id.	5	3	vapeur.	»	
Woodward and Walker's C° . .	Id.	6	5	eau.	»	
London South African prosp. C°.	Id.	11	»	»	»	
G. Walker's C°.	Id.	12	»	»	»	
United Pioneer C°	Pioneer.	42	»	»	»	
Havelock S.	Id.	8	»	»	»	
Perseveranza S.	Id.	8	»	»	»	
Cornish C°.	Id.	7	10	Id.	»	
Umsidini S.	Id.	12	»	»	»	
Monarch of the Mountain . . .	Id.	18	»	»	»	
Durham « Allen's reef » C° . .	Shebang.	13	»	»	»	
Savage S..	Id.	2	»	»	»	
La Fortuna S..	Breda.	10	»	»	»	
Barberton gold mines C°. . . .	8 filons.	51	»	»	»	
Abbot's reef C°.	Abbot.	10	»	»	»	
Union G. M. C°	Allan.	21	10	Id.	7	
Alpine C°.	Id.	19	»	»	»	
Durham « Allen's reef » C°. .	Id.	8	»	»	»	
Brigthon C°.	Brighton.	10	»	»	»	
Northumberland S..	Id.	31	»	»	»	
Dover S.	Id.	24	»	»	»	
Bright Star S..	Id.	9	»	»	»	
Desmond S.	Id.	15	»	»	»	
Midas S.	Butcher.	9	»	»	»	

ropriétés de la Compagnie Moodie.

ONDEUR RACTION.	LARGEUR du FILON.	NOMBRE de TONNES bocardées.	RENDEMENT EN ONCES troy de 31 gr. 0912.	RENDEMENT par TONNE de 1016 kilog.	VALEUR du RENDEMENT.	OBSERVATIONS.
»	»	106	191	»	»	Ces rendements sont ceux obtenus depuis que les filons sont exploités.
»	»	»	359	»	»	
»	»	»		»	»	
»	»	»	11	»	»	
»	»	»	22	»	»	
»	»	»	161	»	»	
»	»	»	12	»	»	
»	»	»		»	»	
»	»	»		»	»	
»	»	»		»	»	
»	»	»		»	»	
»	»	»	5974	»	»	
»	»	»		»	»	
»	»	»		»	»	
»	»	»		»	»	
»	»	»		»	»	
»	»	»		»	»	
»	»	»		»	»	
»	»	»	14717	»	»	
»	»	»		»	»	
»	»	»		»	»	
»	»	»		»	»	
»	»	»	»	»	»	
»	»	»	58	»	»	
»	»	»		»	»	
»	»	»	106	»	»	
»	»	»	»	»	»	
»	»	»	»	»	»	
mètres.	2m,15	2488	5909	2 oz 7 pw.	804 825 fr.	
»	»	»	»	(73 gr.)	»	Ensemble 10 659 oz d'or extraites du filon.
»	»	»		»	»	
»	»	»		»	»	
»	»	»	255 1/2	»	»	
»	»	»		»	»	
»	»	»		»	»	
»	»	»	»	»	»	
»	»	»	»	»	»	

LES MINES DE KOMATI

Les mines de Komati ont été découvertes par un nommé Austin en 1885. La zone ne fut toutefois proclamée qu'en 1887. Elle s'étend sur 15 fermes de l'État et deux fermes particulières d'une superficie tòtale d'environ 25 000 hectares.

Plusieurs compagnies ont été formées pour leur exploitation, mais le manque de fonds en a empêché le développement. On croit cependant qu'avec un peu d'énergie et des capitaux suffisants les mines pourront produire autant que celles du Kaap.

D'après les rapports officiels, 4 batteries hydrauliques avec 28 bocards fonctionnent sur le Komati. Les compagnies qui se sont constituées pour l'exploitation de cette zone aurifère sont :

	Capital.
La *Contractors G. M. C°*, avec 10 bocards.	625 000 fr.
Doornhock.	1 125 000 —
Homestead (Komati)	875 000 —
Ladysmith (Komati)	1 250 000 —
Violet (Komati)	3 000 000 —
Comstock, avec 10 bocards.	350 000 —
Komati amalgamated.	4 125 000 —
Komati River exploration	3 000 000 —
Virginia (Transvaal)	1 375 000 —
Transvaal (Komati).	1 250 000 —
	16 975 000 fr.

sans compter une dizaine de syndicats.

Le rendement connu de ces diverses entreprises n'a été que de 1 200 onces d'or environ, dont 360 onces pendant le premier trimestre de 1884.

Les revenus que le gouvernement a tirés de la zone aurifère de Komati ont été, en 1887 et 1888, ainsi qu'il suit :

	1888	1887
	francs.	francs.
Licences d'explorateurs	77 325	33 475
— de mineurs	4 575	20 325
— d'emplacement	10 725	24 925
	94 615	78 725
A déduire : somme à restituer aux propriétaires.	2 625	»
	91 990	78 725
Coupe de bois	1 600	900
Douanes	25 200	86 850
Marchés	175	»
Patentes	26 900	22 625
Droits de transfert	775	3 450
Contribution personnelle	4 650	»
Amendes, frais de justice	1 850	1 200
Divers	1 975	4 025
	155 115	197 775

Les revenus publics ont donc subi une diminution de 42 000 francs. La prospérité doit par conséquent laisser à désirer. Le seul article de recettes qui ait augmenté est le produit des licences d'explorateurs. Ce fait, en rapport avec la diminution des licences de mineurs, c'est-à-dire d'exploitants, prouve que les découvertes qui ont été faites ne donnent pas encore des résultats satisfaisants.

La *plupart des filons exploités* actuellement donnent moins d'une once par tonne, à l'exception du *My Queen reef* qui a donné 1 oz 18 pw. 1 gr. (59 grammes), des *Ladysmith, Komati, Commercial* et *Quadrangle* qui ont donné en moyenne 1 oz 3 pw. 22 gr. (37^{gr},17), de l'*Orthogon reef* qui a donné 1 oz 2 pw. 1/2 (35 grammes), et du *Virginia reef* dont le rendement a été de 1 oz 3 pw. 1/2 (36 grammes) d'or par tonne de minerai.

En 1888, 83 mineurs blancs et environ 400 nègres étaient employés dans les mines de Komati.

LES MINES DE WITWATERSRAND

La zone aurifère de Witwatersrand proprement dite comprend Johannesburg et Boksburg et occupe une superficie d'environ 28 000 hectares, dont 2 203 hectares, exploités en vertu de baux miniers. Le reste du terrain est divisé en *claims* qui sont travaillés par des compagnies ou syndicats.

Bien que de l'or ait été trouvé dans cette partie du Transvaal en 1854, ce ne fut que trente ans après que l'attention des explorateurs y fut attirée par la découverte faite par M. Struben, dans sa ferme de Wilgespruit, de deux filons extraordinairement riches dont les essais ne donnèrent pas moins de 913 onces d'or et 362 onces d'argent par tonne. Vérification faite, le prétendu filon se trouva être ce que les mineurs appellent une *poche*, c'est-à-dire un dépôt aurifère très restreint.

M. Struben continua néanmoins ses recherches et ne tarda pas, après divers essais infructueux, à constater l'existence d'un vaste gisement de conglomérats aurifères, formé de pierres roulées cimentées par des grès et des pyrites décomposés et que les Boers nomment *banket*, en raison de sa ressemblance avec un gâteau aux amandes de ce nom.

Ce gisement, connu d'abord sous le nom de Struben ou de Weilbach reef, puis sous celui de *Main reef* (filon principal), fut suivi par différents autres explorateurs, Bantjes, Walker, Ferreira, Knight, tout du long de la rangée des collines de Witwatersrand, sur un parcours de plus de 50 kilomètres.

M. Struben établit à grand'peine une batterie de 5 bocards avec laquelle il obtint 1 oz 8 pw. (43 gr. 1/2) par tonne de minerai.

Parallèlement au gisement principal ou *Main reef*, dont la largeur est quelquefois de 8 à 10 pieds (2m,50 à 3 mètres), courent deux filons ou gisements secondaires moins puissants, mais généralement plus riches. Une vingtaine d'autres filons et veines aurifères ont également été trouvés et sont exploités. Leur rendement varie de quelques pennyweights (1 pw. = 1gr,554) à plusieurs onces (1 oz = 31gr,0912). Nous citerons entre autres :

			Par tonne.
Le *Battery* reef qui a donné aux essais			de 15 à 62 gr.
Le *Sydney* reef	—	—	23 grammes.
Le *Botha* reef	—	—	de 31 à 120 gr.
Le *Kimberley* reef	—	—	de 15 à 46 —
Le *Sunday* reef	—	—	46 grammes.
Le *Free State* reef	—	—	de 46 à 74 gr.
Le *Treasury* reef	—	—	de 8 à 62 —
Le *Nigel* (*Marais* reef)	—	—	de 30 à 90 —
Le *Van Wyk* reef	—	—	31 grammes.
Le *Bird* reef	—	—	de 31 à 50 gr.
L'*Atwell* reef	—	—	de 24 à 90 —
Le *Black* reef	—	—	de 30 à 240 —
Le *Kelly* reef	—	—	31 grammes.
L'*Afrikaander* reef	—	—	de 20 à 30 gr.
Le *Zuurbult* reef	—	—	de 20 à 62 —
Le *Yellow* reef	—	—	de 23 à 30 —
Le *White* reef	—	—	de 31 à 45 —

Le *Main reef* n'a donné en moyenne que 31 grammes par tonne; les deux veines qui l'accompagnent, au contraire, jusqu'à 240 grammes.

La plupart de ces filons sont bien définis et encaissés dans les grès ou les schistes. Ils ont une inclinaison vers le sud variant de 80 à 19 degrés.

La formation de ces gisements a donné lieu à différentes théories qui toutes sont, cependant, d'accord sur ce point : que la contrée a dû former un immense bassin, dans lequel sont venues successivement se déposer les différentes couches de grès, de conglomérats et de schistes; que plus tard une action volcanique en a soulevé les bords et a donné aux couches et gisements l'inclinaison qu'ils ont aujourd'hui.

Dans des conditions normales, l'exploitation d'un gisement aurifère peut être des plus avantageuses. En prenant comme exemple une batterie de 15 bocards pour le traitement d'un minerai donnant une once d'or par tonne, on arrive à ce résultat :

15 bocards broyant 18 tonnes par jour, pendant 300 jours ouvriers, donneront par an 5 400 onces, qui, à 90 fr. par once, vaudront	486 000	francs.
Si de cette somme, on déduit les frais d'extraction, de traitement et d'administration qui ne dépassent pas 25 francs par tonne, soit	135 000	—
Il reste un bénéfice annuel de . . .	351 000	francs.
qui représente 25 p. 100 d'un capital de . .	1 404 000	—

Nombre de compagnies ont été établies pour l'exploitation des mines de Witwatersrand. Mais beaucoup d'entre elles, après avoir attribué les trois quarts de leur capital aux vendeurs et promoteurs, se sont vite trouvées à court d'argent pour l'achat de matériel, l'aménagement de la mine ou pour s'assurer les services d'un personnel capable. Elles ont alors été obligées d'arrêter les travaux, de faire des emprunts onéreux, de vendre une partie de la propriété ou bien de reconstituer la compagnie en augmentant le capital : toutes opérations qui ont nui à la réputation de certaines entreprises.

Au 1er avril 1889, 274 compagnies, avec un capital nominal de plus de 530 millions de francs, ont été établies tant en Afrique qu'en Angleterre pour l'exploitation des mines de Witwatersrand.

Elles se répartissaient comme suit :

	NOMBRE des COMPAGNIES.	CAPITAL en FRANCS.	PORTION DU CAPITAL attribuée AUX VENDEURS, ETC.
Compagnies enregistrées à Pretoria au 1er novembre 1888 .	78	127 050 000	70 725 000
Compagnies non enregistrées	86	96 525 000	41 475 000
Compagnies en formation.	7	19 000 000	8 475 000
Compagnies constituées du 1er novembre 1888 au 1er avril 1889 . .	103	292 782 500	184 100 000
	274	535 357 500	304 775 000[1]

Le tableau ci-après contient la liste des batteries établies à Witwatersrand et le relevé du rendement des compagnies les plus importantes qui fonctionnaient au mois de mai 1889.

Ce relevé est, toutefois, incomplet parce que nombre d'en-

1. Ce chiffre est en dessous de la réalité, parce que nombre de compagnies n'indiquent pas la part attribuée aux vendeurs, promoteurs et intermédiaires.

treprises ne publient pas de rapports, afin, sans doute, de dissimuler leur situation. Voici, par contre, quelle a été la production des mines de Witwatersrand, d'après les bulletins mensuels émanant de la Chambre des mines de Johannesburg :

ANNÉES ET MOIS	PRODUCTION EN ONCES TROY[1].	
1887.		18 733
1888 : Janvier	11 269	230 548
Février	12 161	
Mars	14 709	
Avril	15 853	
Mai.	19 002	
Juin	16 328	
Juillet.	19 963	
Août	19 877	
Septembre	20 129	
Octobre.	27 773	
Novembre.	27 336	
Décembre.	26 148	
1889 : Janvier.	24 986	143 231
Février	25 800	
Mars	28 523	
Avril	27 624	
Mai.	36 298	
TOTAL.		392 512

La production a donc toujours été en augmentant depuis le mois de janvier 1888, bien que pendant les mois d'hiver, du mois de mai au mois de septembre, la sécheresse et le

1. Une once troy à 20 pennyweights = 31 gr. 0912 ; la tonne anglaise = 1 016 kilogrammes.

manque de bras entravent les opérations de beaucoup de compagnies.

On peut, toutefois, remédier au premier de ces inconvénients, en établissant des barrages et en construisant des réservoirs d'une capacité suffisante pour alimenter les batteries pendant la saison sèche.

Le manque de bras provient de ce que les nègres employés dans les mines résistent difficilement au froid qui règne en hiver sur les hauts plateaux de Witwatersrand. Quelques compagnies ont construit des habitations convenables pour leurs ouvriers. Elles évitent ainsi la désertion en masse dont souffrent les autres entreprises.

On rencontre également, en hiver, des difficultés pour approvisionner les machines de combustible, parce que, dans cette saison, les fermiers qui font les transports envoient leurs bœufs dans les pâturages de la partie plus chaude du pays.

Ceux qui restent demandent des prix exorbitants et ne peuvent, d'ailleurs, pas satisfaire à tous les besoins. Un chemin de fer d'une longueur de 50 kilomètres est actuellement en voie de construction pour relier Boksburg, le centre houiller le plus proche, à Johannesburg.

Le transport des charbons pourra donc prochainement s'opérer sans difficultés, en toutes saisons et à peu de frais.

Les mines de Witwatersrand ont cet avantage sur celles du Kaap qu'elles sont beaucoup plus rapprochées du terminus des chemins de fer coloniaux. Johannesburg n'est en effet qu'à 200 milles (320 kilom.) de la dernière station de Natal et à 316 milles (500 kilom.) de Kimberley, terminus de la ligne du Cap.

Le minerai est aussi moins difficile à traiter et les gisements mieux définis.

Les revenus publics de la zone aurifère de Witwatersrand,

comprenant Johannesburg, Boksburg, Krugersdorp et Blaauw-bank, ont été, en 1887 et 1888 :

	1888	1887
	francs.	francs.
Licences d'explorateurs	1 085 975	115 675
— de mineurs	1 205 250	959 200
— d'emplacement	634 275	348 050
	2 925 500	1 422 925
A restituer aux propriétaires	1 123 050	33 025
	1 802 450	1 389 900
Droits de douane	2 842 350	690 825
— de marché	34 725	3 650
Patentes	393 325	108 875
Droits de transfert	395 050	143 075
Contribution personnelle	825	
Amendes, frais de justice	125 175	7 275
Divers	58 075	3 550
	5 651 975	2 347 150

La production de l'or de Witwatersrand, depuis le commencement de l'exploitation des mines jusqu'au 30 juin 1889, s'élève à 442326 onces.

TABLEAU

DU

RENDEMENT DES MINES DE WITWATERSRAND

D'APRÈS LES COMPTES RENDUS DES JOURNAUX

(Quantités exprimées en onces troy de 31 grammes 0912.)

NOMS DES COMPAGNIES.	CAPITAL EN FRANCS.	NOMBRE de BOCARDS.	1887	1888	1889					TOTAL.
					JANVIER.	FÉVRIER.	MARS.	AVRIL.	MAI.	
Aurora G. M. Co	1 250 000	10	»	2 265	427	272	229	203	252	3 648
Banket G. M. Co	3 000 000	40	»	44	»	»	37	»	»	81
Bantjes reef	2 375 000	30	»	1 121	216	»	400	»	»	1 737
Battery reef	3 000 000	10	»	»	»	»	»	»	»	»
Beatrice	500 000	»	»	»	»	»	14	»	»	14
Benoni	500 000	»	»	100	»	»	»	»	»	100
Blaauwbank united	5 000 000	25	»	908	216	»	»	»	»	1 124
Black reef	2 000 000	10	»	»	»	»	»	1 165	195	1 360
Botha reef	6 250 000	40	200	905	»	»	»	269	610	1 984
Chimes	1 000 000	20	»	671	»	950	330	413	»	2 364
City et suburban	1 250 000	20	1 117	5 217	665	1 230	1 292	859	1 648	12 028
Cornucopia	2 500 000	10	»	»	»	»	»	»	»	»
Crœsus	1 625 000	10	»	»	»	»	180	350	290	820
Crown reef	2 500 000	30	1 000	»	»	»	13 140	1 044	1 165	16 349
Crown Mint	»	»	»	323	»	»	»	»	»	323
De Pass	1 500 000	»	»	»	»	»	»	»	»	»
De Villiers Syndicate (repris par la Robinson Co)	»	»	600	2 120	»	»	»	»	»	2 720
Doornkop	625 000	10	»	»	»	170	157	»	»	327
Dora S.	»	»	»	76	»	»	»	»	»	76
Du Preez	7 500 000	5	»	867	540	700	103	»	»	2 210
Durban Roodepoort	2 250 000	20	193	4 124	1 860	1 582	1 307	892	1 091	11 049
Edinburgh	550 000	10	»	»	»	»	»	»	»	»
Elsburg	2 000 000	»	»	»	»	»	»	»	»	»
Enterprise main reef	1 250 000	5	»	»	»	»	»	»	»	»
Erasmus S.	»	»	»	»	»	»	300	»	165	465
Evelyn	875 000	25	»	1 053	»	»	»	»	70	1 123
Ferreira	700 000	15	210	»	[illegible]	[illegible]	[illegible]	[illegible]	[illegible]	[illegible]

Golden kopje	1 875 000	20	250	»	»	»	1 875	195	»	2 320
Gold fields of South Africa	6 250 000	20	»	1 214	»	»	»	»	»	1 214
Griqualand West	750 000	15	»	227	»	»	50	»	92	369
Harding S.	125 000	»	116	112	»	»	»	»	»	228
Henry Nourse	1 250 000	15	132	2 517	300	»	350	202	217	3 718
Hercules	450 000	»	»	»	»	»	»	»	»	»
Howick and Rockley S.	625 000	»	»	»	241	»	»	»	»	241
Heriot	1 500 000	25	»	5 181	»	535	540	609	545	7 410
Johannesburg Pioneer	375 000	10	»	4 032	870	375	354	»	543	6 174
Jubilee	550 000	15	2 347	4 944	517	272	437	360	409	9 286
Jumpers	1 500 000	30	1 592	4 603	8 627	1 615	1 380	1 455	1 686	20 958
Kambula	»	»	»	316	»	»	»	»	»	316
Kimberley-Roodepoort	1 250 000	20	392	879	»	»	»	275	624	2 170
King Solomon	1 250 000	10	»	120	»	»	»	»	»	120
King Williamstown	»	»	»	»	»	»	»	»	»	»
Kleinfontein	2 500 000	25	364	»	»	»	»	360	717	1 441
Klipriver	3 125 000	»	»	»	»	»	»	»	»	»
Kromdraai	750 000	»	»	»	»	»	»	»	»	»
Langlaagte central	»	30	»	»	»	»	»	»	»	»
— estate	11 250 000	60	820	10 024	»	»	6 168	4 374	6 967	28 353
— main reef	5 000 000	»	»	»	»	»	»	»	»	»
— united	»	10	»	»	»	»	»	»	»	»
Leeuwkloof	»	»	»	»	»	»	»	»	»	»
Linpaardsvlei	875 000	»	»	675	»	300	»	»	»	975
Livingstone	1 350 000	»	»	150	»	»	»	»	43	193
Main reef	1 575 000	20	»	1 987	352	231	320	654	373	3 914
May	1 000 000	10	»	2 794	1 047	919	1 070	945	779	7 554
Maynard	375 000	»	»	»	»	»	»	»	»	»
Metropolitan	800 000	15	116	1 256	»	»	105	117	134	1 728
Meyer and Charlton	1 075 000	20	3 511	1 431	»	»	14 000	467	567	19 976
Meyer and Leeb	500 000	10	»	105	463	320	»	214	356	1 458
		A reporter	12 960	68 373	16 851	9 747	44 138	15 976	19 829	186 984

NOMS DES COMPAGNIES [1].	CAPITAL EN FRANCS.	NOMBRE de BOCARDS.	1887	1888	1889 JANVIER.	1889 FÉVRIER.	1889 MARS.	1889 AVRIL.	1889 MAI.	TOTAL.
Report			12 960	68 373	16 851	9 747	44 138	15 976	19 829	186 984
Mint	375 000	10	41	2 619	»	»	185	450	368	3 663
Mitchell	1 125 000	»	»	»	»	»	»	»	10	10
Morkel	1 500 000	»	»	500	»	109	»	»	»	609
Morning Star		»	70	»	»	»	»	»	»	70
Moss rose	875 000	10	»	620	»	3 869	397	909	165	5 960
— extension	375 000	20	»	890	282	»	»	»	400	1 572
National	1 250 000	10	»	565	»	»	»	»	»	565
Nabob	1 250 000	10	»	455	»	»	»	»	»	455
New Grahamstown	400 000	10	785	2 853	302	323	123	280	326	4 992
New Primrose	875 000	20	»	782	414	»	375	»	316	1 887
Nicholson S. (acheté par la Cie Wolsingham)	»	»	200	800	»	»	»	»	»	1 000
Nigel	4 000 000	5	»	1 866	420	314	406	326	415	3 747
Northey	700 000	»	120	170	»	»	»	»	»	290
Norman S.		»	»	414	»	»	»	»	»	414
Oakley	1 250 000	»	»	»	»	»	»	»	»	»
Oosthuizen	1 875 000	10	»	2 035	»	241	244	294	200	3 014
Ormerod	875 000	»	104	458	»	»	153	»	»	715
Paarl Pretoria	1 500 000	»	»	2 387	»	»	»	»	»	2 387
Pearl's hope	575 000	»	»	»	»	»	»	»	»	»
Percy	625 000	10	»	890	240	»	»	»	»	1 130
Pretoria	500 000	»	»	293	»	»	»	»	»	293
Pullinger S.	»	»	»	»	»	»	»	»	»	»
Republic		»	»	103	»	»	»	»	»	103
Robinson	1 250 000	40	»	26 195	2 546	2 537	3 336	3 965	7 096	45 675
Rietkuil		»	»	»	»	550	»	»	»	550
Roodepoort central	1 125 000	»	»	463	»					

Salisbury	550 000	20	708	11 370	1 621	986	1 469	»	562	16 716
Simmer and Jack	1 875 000	25	»	3 245	1 290	936	963	755	875	8 064
Spes Bona	1 750 000	15	»	186	»	»	»	»	»	186
Standard	»	»	»	»	»	»	»	»	»	»
Stanhope	750 000	10	745	3 842	882	681	635	289	761	7 835
Star	1 900 000	10	»	70	»	»	»	»	»	70
Steyn estate	3 500 000	10	»	354	»	»	412	372	340	1 448
Struben S.	»	»	»	»	»	»	»	»	»	»
Teutonia	1 875 000	20	»	234	»	»	»	»	»	234
Tharsis	1 250 000	20	»	»	»	»	»	»	»	»
Turffontein	1 250 000	»	»	»	»	»	»	»	»	»
Tyne S.	200 000	»	»	»	»	»	»	»	»	»
United main reef	1 875 000	20	»	1 335	312	»	»	»	»	1 647
United Pioneer	»	»	»	»	301	»	287	»	»	588
Van Ryn	5 000 000	25	»	895	»	224	237	»	»	1 356
Van de Ven	1 500 000	»	»	»	»	»	»	»	»	»
Vera	875 000	10	»	»	»	»	»	»	»	»
Vogelstruis	3 750 000	25	»	»	»	»	»	»	206	206
Vogelstruisfontein	»	»	»	392	30	»	213	»	172	807
Vulcan S.	»	»	»	»	»	»	»	»	»	»
Weltevreden S.	1 875 000	»	»	»	»	»	417	»	192	609
Wemmer	700 000	20	»	»	»	»	»	15 133	480	15 613
West battery reef	»	»	»	»	201	»	»	»	»	201
Witwatersrand	5 250 000	100	3 000	5 110	»	1 600	800	1 200	900	12 610
Wolhuter	1 625 000	20	»	3 350	»	»	»	»	»	3 350
Wolsingham	2 250 000	30	»	4 434	»	300	262	375	585	5 956
Worcester	375 000	20	»	5 110	»	597	»	765	860	7 332
Zuurbult	300 000	»	»	937	»	»	»	»	»	937
TOTAL			18 733	158 391	26 633	23 014	55 238	41 362	35 253	358 624

1. Quelques compagnies ne publient leur rendement que périodiquement, nous avons donc indiqué le rendement obtenu à la fin de chaque période.

LES MINES DE ROODEPOORT

Suivant l'opinion des mineurs qui travaillent dans cette zone, le filon principal (*main reef*) de Witwatersrand se divise dans la ferme de Benoni, à l'est de Johannesburg, en deux branches dont l'une continue à l'est et l'autre bifurque au sud-est dans la direction de Heidelberg, en traversant les fermes de Malanskraal, Tweefontein, Daspoort et Roodepoort.

Le minerai trouvé dans cette zone est, en effet, identique à celui existant à Witwatersrand et connu sous le nom de *banket;* mais il est moins riche. La présence de vastes dépôts houillers et l'abondance de l'eau en rendent, toutefois, l'exploitation facile et peu coûteuse.

La zone de Roodepoort occupe une superficie de 33 873 hectares, dont 1050 sont concédés à bail minier. Le chef-lieu devait être Greylingstad, dans la ferme de Roodepoort ; mais comme personne n'est venu s'y établir, à l'exception du commissaire des mines, les services publics ont été transférés aux environs de Heidelberg où de nouvelles découvertes ont été faites récemment.

A une vingtaine de kilomètres au sud de Potchefstroom et longeant le Vaal, se trouve la ferme de Rooderand, sur laquelle a été établi le village de Venterskroon, qui est le siège du commissaire des mines de la zone. Le village est bâti au sommet d'une colline pittoresque, couverte d'une végétation luxuriante et descendant en pente douce vers le Vaal.

LES MINES DE ROODERAND

La zone de Rooderand a une étendue de 8000 hectares, dont 232 hectares donnés à bail minier. La formation géologique est la même que celle de Witwatersrand; mais les conglomérats n'ont encore donné que de maigres résultats. On espère, toutefois, qu'avec des capitaux et des travaux bien conduits on atteindra des gisements exploitables. Aucun des échantillons de minerai de cette région ne contient de l'or visible à l'œil nu. Celui du *Jumbo reef* donne cependant plus d'une once par tonne.

Une partie de la ferme de Rooderand a été proclamée au mois de juillet 1887. D'après des personnes compétentes, des dépôts d'alluvions aurifères existent dans la portion de la ferme qui n'est pas encore ouverte, mais le propriétaire en a interdit l'accès aux explorateurs.

LES MINES DE KRUGERSDORP

La zone aurifère de Krugersdorp, qui longe également les collines de Witwatersrand, à l'ouest de Johannesburg, a une superficie d'environ 40 000 hectares, dont 2 520 sont pris à bail minier.

Krugersdorp, de même que Rooderand et Roodepoort, ne sont, à vrai dire, que des divisions administratives de la région aurifère de Witwatersrand. Nous n'avons pas pu faire de distinction dans les tableaux qui précèdent et les données qu'ils contiennent s'appliquent à toute la région.

Krugersdorp, chef-lieu de la zone, est établi sur les terrains de la ferme de Groot Paardekraal, où eut lieu, le 8 décembre 1880, la réunion du peuple boer qui décida le soulèvement contre la domination britannique. En commémoration de cet événement, un monument en forme de pyramide a été élevé sur l'emplacement même de cette réunion.

Le village se compose d'une quarantaine de maisons, y compris les bureaux du commissaire des mines et des autres services publics, deux hôtels, une école. Les mines du Blaauwbank, qui sont plus à l'ouest, relèvent de Krugersdorp.

C'est dans cette partie de la région, notamment dans les fermes de Rietfontein et de Vogelstruisfontein et aux environs de Blaauwbank, que l'on trouve des dépôts d'alluvions aurifères. Ils sont exploités par plusieurs syndicats.

En général, les entreprises minières des environs de Krugersdorp n'ont pas encore atteint le degré de développement de celles de Johannesburg et de Boksburg; mais les travaux y sont poussés activement. On espère, d'ailleurs, que la ligne ferrée de Boksburg à Johannesburg sera prolongée jusqu'à Krugersdorp, ce qui permettra aux compagnies de se procurer le charbon à bon marché.

LES MINES DE KLERKSDORP

Cette zone, aussi connue sous le nom de Rietkuil-Witpoort, a été proclamée au mois d'août 1887 et a une superficie de 57 911 hectares, dont 5 740 hectares concédés à bail minier. Elle a son centre à Klerksdorp, où réside le commissaire des mines qui a sous ses ordres un commis responsable établi à Katdoornbosch, une des fermes de la zone.

Les gisements aurifères sont formés de conglomérats et de quartz semblable à celui de Malmani. La rivière qui traverse la zone, la Schoonspruit, n'est jamais à sec, mais ne fournit d'ordinaire pas assez d'eau pour alimenter toutes les batteries qui représentent une force d'environ 150 bocards. On a l'intention d'amener l'eau de Vaal à Klerksdorp au moyen de puissantes machines élévatrices.

La zone de Klerksdorp prend un développement considérable et ne tardera pas à rivaliser avec celle de Witwatersrand.

Voici la liste des compagnies qui y ont été établies :

COMPAGNIES.	CAPITAL SOCIAL.	FONDS d'exploitation.	PROPRIÉTÉS EXPLOITÉES
	francs.	francs.	
Ariston Gold Mining C°	2 000 000	1 000 000	Réserve 250 000 francs, 24 claims, ferme de Nooitgedacht.
Ada May G. M. C°.	875 000	250 000	12 claims, terrains communaux de Klerksdorp.
Dominion reef	3 000 000	500 000	100 hectares, ferme de Rhenoster-spruit.
Dominion reef n° 1. Synd. . .	750 000		54 claims, ferme de Rhenosterspruit.
Dominion extension S.	750 000		100 — — —
Elandslaagte G. M. C°	6 250 000	750 000	Bail minier 80 hectares, ferme d'Elandslaagte.
Eleazar G. M. C°.	1 875 000	375 000	Réserve 125 000 francs, 30 cl. ferme d'Eléazar, 30 cl. Rietfontein.
Hartbees Union crushing et G. M. C°	3 750 000	750 000	Rés. 250 000 francs, 199 claims Riet-kuil.
Huguenot G. M. C°.	1 400 000	375 000	Rés. 250 000 francs, 52 claims Riet-kuil.
Klerksdorp coal mining C°. .	1 250 000	225 000	Rés. 125 000 francs, exploitation de mines de charbon dans le Free-State, à 15 milles de Klerksdorp.
— estates extension G. M. et develo-ping S.	375 000	75 000	40 cl., terrains communaux de Klerks-dorp.
— commonage gold estates C°. . . .	3 750 000	750 000	780 hectares de bail minier dans des terrains communaux de Klerksdorp.
— G. M. C°.	3 125 000	500 000	Rés. 375 000 francs, 78 cl. Nooitge-dacht.
— main reef G. M. C°.	2 000 000	500 000	Rés. 125 000 francs, 52 claims Riet-kuil.
Makwasie gold exploration C°.	750 000	200 000	Rés. 50 000 francs, droits miniers de 5 fermes.
Nooitgedacht G. M. C°. . . .	2 500 000	375 000	Rés. 250 000 francs, 190 hectares de Nooitgedacht.
— extension G. M. C°	2 500 000	375 000	Rés. 125 000 francs, 55 claims de Nooitgedacht.
— Victoria G.M.C°.	2 500 000	375 000	Rés. 250 000 francs, 47 claims de Nooitgedacht.
Orkney Estate and G. M. C°.	1 750 000	375 000	Rés. 225 000 francs, 620 hectares de Witkop.
Rietkuil kopje G. M. C° . . .	5 000 000	500 000	Rés. 750 000 francs, 89 claims de Rietkuil.
— main reef G. M. C°. .	1 625 000	375 000	Rés. 125 000 francs, 23 cl. Rietkuil.
Schoonspruit-Klerksdorp C°. .	2 500 000		
Victoria-Klerksdorp G. M. C°.	3 125 000	500 000	Rés. 250 000 francs, 36 cl. Oorbietjes-fontein.
Wilkinson G. M. C°	1 750 000	250 000	Rés. 370 000 francs, 38 cl. Nooitge-dacht.
Wolverand-Klerksdorp (Notre-Dame des Victoires) G. M. C°.	6 250 000	236 875	102 claims de Wolverand.
Worcesterhope G. M. C° . . .	625 000		25 claims de Rietkuil.
	62 225 000		

Sans compter 25 syndicats disposant d'un capital de 2 147 500 francs.

Les essais de minerai de ces différentes propriétés ont donné :

Ada May : 22, 36, 85 et 129 grammes d'or par tonne,
Hartbees Union : 21, 24, 28, 34, 38, 52 et 58 grammes,
Huguenot : 28, 35, 50 et 71 grammes,
Nooitgedacht : de 31 à 108 grammes,
Victoria : de 31 à 46 grammes,
Worcester hope : de 62 à 186 grammes.

Les résultats connus sont ceux de la :

Klerksdorp G. M. C°, qui a obtenu de ses diverses opérations, du mois de septembre 1888 au mois de février 1889 :

178	onces d'or [1] de	400	tonnes de minerai.
235	—	530	—
161	—	300	—
574	onces d'or de	1 230	tonnes de minerai.

Et les résidus du traitement contenaient encore près d'une once d'or par tonne ;

Nooitgedacht G. M. C°, dont la production du mois de décembre 1887 au 30 novembre 1888, a été de 1 384 onces de 1 300 tonnes de minerai, et en février 1889 de 340 onces ;

Rietkuilkopje G. M. C°, dont la batterie de 10 bocards a été ouverte en novembre dernier et qui a obtenu 230 onces d'or jusqu'au mois de février 1889. Son minerai avait donné un rendement de 20 à 46 grammes d'or par tonne.

Les batteries établies à Klerksdorp étaient, au 1er avril dernier, celles :

De l'*Anglo-Transvaal Syndicate*. . . . 5 bocards.
De *Banket Sheba S*. . . . . 3 —

1. Une once égale 31 gr. 0912.

De la *Dominion reef C°*	20	bocards.
De la *Hartbees Union*	30	—
Klerksdorp G. M. C°	10	—
Makwasie G. Expl. C°	10	—
Nooitgedacht C°	20	—
Rietkuilkopje C°	10	—
Wilkinson C°	5	—
Worcester Hope C°	20	—

40 bocards étaient commandés par l'*Elandslaagte C°*, 30 par la *Klerksdorp main reef C°*, et 10 par la *Wilkinson C°*.

LES MINES DE MALMANI

La zone de Malmani comprend 7 fermes particulières d'une superficie totale de 16 311 hectares et 4 fermes domaniales ouvertes par le gouvernement aux explorateurs. Elle fait partie du district de Marico qui forme la frontière occidentale du Transvaal et est traversée par la Malmani River. Le chef-lieu est Ottoshoop, village d'une soixantaine de feux avec deux banques, plusieurs hôtels et cantines. Il est à une distance de 30 milles anglais (48 kilomètres) de Mafeking, dans le Bechuana land anglais, de sorte que si le chemin de fer de Kimberley est prolongé jusqu'à cet endroit, comme on en a l'intention, Malmani, qui jusqu'ici a peu attiré l'attention des capitalistes, prendra certainement un rapide développement.

La formation est toute différente de celle qui existe à Witwatersrand. L'or est trouvé dans du quartz blanc, très dur, encaissé dans des roches basaltiques.

D'après les rapports officiels, une soixantaine de bocards fonctionnent actuellement à Malmani. Le rendement était toutefois inconnu. Le travail est encore peu important et est, d'ailleurs, souvent entravé par les eaux. Les tranchées et galeries sont fréquemment inondées et la plupart des compagnies, en fixant leur fonds d'exploitation, n'ont pas prévu l'achat de puissants engins d'épuisement.

Les compagnies qui se sont constituées pour l'exploitation des mines de Malmani sont celles :

COMPAGNIES.	CAPITAL SOCIAL.	FONDS D'EXPLOITATION.	PROPRIÉTÉ.
	francs.	francs.	
Barkly East Daisy G. M. C°. . . .	1 750 000	212 500	21 claims ferme de Wonderhoek, 46 cl. à Rietpoort, 4 à Zeckoevlei, av. batt. de 10 bocards.
Consolidated G. M. Synd. of Malmani.	1 250 000	250 000	Réserve 175 000 fr., 78 cl. de Rietpoort.
Crystal reef G. M. C°.	1 750 000	250 000	Réserve 125 000 fr., 49 cl. à Zeckoevlei.
Douglass G. M. C°.	750 000	437 500	Réserve 125 000 fr., 54 cl.
Elisabeth G. M. C°.	600 000	75 000	Réserve 62 500, 24 cl. de Rietpoort.
Little William G. M. C°	750 000	145 000	Réserve 75 000 fr., 10 cl. de Wonderhoek, 21 cl. sur le Colorado reef.
Malmani G. M. Synd.	100 000	32 500	124 cl. de Kareeboschfontein.
— Primrose C°	2 000 000	302 500	Réserve 75 000 fr., 81 cl. de Rietpoort.
Moonlight reef G. M. C°.	700 000	150 000	Réserve 100 000 fr., 25 cl. de Rietpoort.
Morning star G. M. C°	825 000	225 000	Réserve 75 000 fr., 24 cl. de Rietpoort.
New Ballarat G. M. C°	250 000	100 000	Réserve 30 000 fr., 24 cl. d'alluvion Kruis Rivier.
Wonderhoek exploration and G. M. C°.	1 875 000	312 500	Droits miniers de la ferme de Wonderhoek.
	12 600 000		

Au mois de mai 1888, il a été publié le tableau suivant contenant des renseignements sur les mines de Malmani :

NOMS DES FILONS.	NOMBRE DE BOCARDS			LARGEUR du filon.	BOCARDAGE D'ESSAI.		RÉSULTATS DES ESSAIS de laboratoire.
	Établis.	En voie d'érection.	En route.		Nombre de tonnes bocardées.	Rendement par tonne.	
				mètres.		gr.	grammes.
Crystal reef. . .	»	»	25	1,80	»	»	de 155 à 2700
Green cutting. .	»	»	10	1,50	50	46	de 77 à 139
Daisy.	10	»	»	2,10	»	»	155
Prospector . . .	»	»	»	1,50	»	»	193
Golden butterfly.	»	»	10	1,50	»	»	186
Morning Star . .	»	10	»	0,90	17	31	147
Elisabeth. . . .	»	»	»	0,75	»	»	342
Auld Reekie. . .	3	»	»	2,10	»	»	217
Marais	5	»	»	»	15	46	»
Primrose. . . .	»	»	20	0,90	5	39	199
Moonlight. . . .	»	»	»	0,60	5	54	124
Ladies	»	»	»	0,90	»	»	527
Douglass. . . .	»	10	»	»	»	»	»
	18	20	65				

Depuis cette époque, les seuls résultats annoncés ont été ceux :

De la *Malmani-Primrose C°*, qui a obtenu 108 onces d'or de 75 tonnes de minerai ;

De MM. *Jones and Goldringer*, qui exploitent avec 10 bocards de bail minier de la ferme de Rietpoort : 173 onces de 200 tonnes ;

Du *Pioneer reef*, de la ferme de Stinkhoutboom, qui a donné 32 onces 1/2 de 30 tonnes ;

De *M. Marais*, qui a obtenu 192 onces de sa ferme de Kaalplaats ;

De la *Moonlight C°*, dont les opérations ont produit 2 onces par tonne.

Deux compagnies, la *Crystal reef C°* et la *Morning Star C°*, ont décidé de liquider. Au contraire, deux nouveaux syndicats se sont formés : le *Griqualand West S.*, pour exploiter un filon ayant donné à l'essai de 3 à 6 onces par tonne, et le *Kohinoor S.*, qui opère sur le Golden calf reef dont le rendement est d'environ 2 onces.

Enfin la *Wonderhoek C°* a porté son capital à 5 millions, en gardant 10 000 actions de 25 francs en réserve.

LES MINES DE ZOUTPANSBERG

a. Marabastadt.

Cette zone, dont le chef-lieu est Marabastadt, a une superficie de 24 000 hectares, dont 800 sont pris à bail minier.

Les mines de Zoutpansberg avaient été signalées dès 1873 par Button, qui obtint peu de temps après une concession pour l'exploitation des gisements de la ferme d'Eersteling.

Nous trouvons dans des rapports de M. Henri Porcheron, ancien ingénieur en chef de la Compagnie française des mines de diamant du Cap, actuellement ingénieur à Johannesburg et qui a exploré Zoutpansberg, les renseignements suivants sur les gisements aurifères de cette partie de la République Sud-Africaine.

« Les éléments dominants de la formation géologique de la ferme de Zandrivier sont, dit-il, le granite et les schistes. Ils sont surtout perceptibles dans la rangée de collines qui s'élève de 800 à 1 000 pieds au-dessus du niveau de la vallée et qui suit une direction N.-E. S.-O.

« Le massif de ces collines se compose, en majeure partie, de schistes disposés en couches régulières auxquelles un soulèvement souterrain a donné une inclinaison de 75° à 80°, et que longe de chaque côté une large barre de granite.

« On a découvert tout le long de ces collines, ainsi que dans la plus grande partie de la propriété, des filons de quartz aurifère ainsi que des dépôts d'alluvions contenant une grande quantité d'oxyde de fer, qui sont tous régulièrement encaissés dans les schistes.

« J'ai soigneusement examiné ces filons et ces dépôts et j'ai constaté qu'ils étaient tous aurifères. La régularité parfaite des couches schisteuses m'a d'ailleurs amené à la conviction que les filons se prolongent sans interruption à une grande distance.

« J'ai de plus constaté dans des propriétés voisines que le granite est çà et là traversé par de puissants filons de quartz très riches en or, à en juger par les spécimens pris aux affleurements. »

Le commissaire des mines habite Smitsdorp, village de fondation récente qui compte une cinquantaine de maisons, 2 banques, 1 hôtel et 11 cabarets. Il est établi sur un plateau de 3 à 400 mètres d'élévation où l'eau est très rare. Le gouvernement fait toutefois forer deux puits pour remédier à cet inconvénient.

Dans une des fermes de cette zone, Palmietfontein, on a découvert un filon de 1^{m},50 à 2 mètres d'épaisseur qui donne un rendement moyen de 3 à 5 onces par tonne. Dans tous les spécimens que nous en avons vus, l'or était parfaitement visible.

La zone aurifère de Marabastadt a été proclamée en 1887.

b. Houtboschberg (Woodbusch).

Cette seconde zone aurifère du district de Zoutpansberg a son centre à Haenertsburg, à 64 kilomètres nord-est de Smitsdorp. Elle s'étend sur 32 684 hectares de terrains domaniaux.

Plusieurs compagnies se sont formées pour exploiter les

gisements qui y ont été découverts. Le minerai aurifère est identique à celui de la vallée du Kaap. On a aussi trouvé un filon de conglomérats, dont le rendement est en moyenne d'une once environ.

Aucun travail sérieux n'avait encore été entrepris dans cette zone lorsque le bruit courut que des gisements d'une richesse exceptionnelle avaient été trouvés à l'est de Haenertsburg, entre le Letaba et l'Olifant River, par un syndicat à la tête duquel se trouvait un Français, M. Auguste Robert (French Bob), qui avait aussi été un des pionniers de la vallée du Kaap.

Nombre de mineurs se hâtèrent de se rendre dans cette nouvelle terre promise lorsque le gouvernement la proclama ouverte aux explorateurs.

L'accès en était, toutefois, difficile, mais le gouvernement, afin de faciliter les communications, vient d'établir une route allant de Lydenburg au *Murchison Range*, nom de la rangée de collines le long de laquelle les nouvelles découvertes ont été faites.

Les compagnies et syndicats fondés pour l'exploitation des mines de Marabastadt et de Houtboschberg sont :

COMPAGNIES OU SYNDICATS.	CAPITAL SOCIAL.	FONDS d'exploitation.	PROPRIÉTÉ.
	francs.	francs.	
Aberdeen Syndicate	125 000	»	Réserve 25 000 francs, 53 claims de la ferme de Roodepoort. Les analyses de son filon ont donné de 86 à 310 grammes d'or par tonne.
Cyferkuil Gold mining C°. . .	5 000 000	625 000	Réserve 625 000 francs, bail minier de la ferme de Cyferkuil avec deux filons donnant de 26 1/2 à 62 gr.
Diana Synd.	»	»	36 cl. sur le Diana reef donnant 38 gr.
Eros exploration S.	200 000	50 000	Rés. 10 000 fr. S'est assuré le droit d'explorer et d'acheter plusieurs fermes.
Golden kopje S.	»	»	24 claims, filon donnant 62 grammes.
Haenerton G. M. C°.	1 250 000	375 000	31 cl. sur 3 fil., avec batterie de 5 boc. Les analyses ont donné 39 à 110 gr. Le bocardage de 300 tonnes de minerai a donné un rendement de 18 à 23 gr. et les résidus retenaient encore 17 grammes par tonne.
Iron crown reef C°.	1 125 000	200 000	Rés. 125 000 fr. 18 cl. à 3 milles de Haenertsburg, batterie de 10 bocards. En avril 1889, il a été obtenu 432 onces d'or de 210 T. de minerai, en mai 259 onces de 99 tonnes.
Mont Maré G. M. C°.	3 750 000	1 250 000	Exploitation de la ferme de Zandrivier avec batterie de 5 bocards. Le minerai traité a donné 26 gr. 1/2 par tonne, mais M. Porcheron estime que 31 gr. au moins par tonne ont été entraînés dans les résidus.
Mount Maré-Roodepoort developing S.	250 000	87 500	Réserve 50 000 francs. 50 claims, ferme de Roodeport.
Pennefather G. M. C°.	3 500 000	550 000	Réserve 250 000 francs. 60 claims à 4 milles de Haenertsburg, batterie de 3 bocards, filon de conglomérats de 6 à 9 mètres de large, analyses de 18 à 62 grammes par tonne, rendement au bocardage 31 grammes.
Pretoria S.	»	»	36 claims, Houtboschberg.
Prince of Wales G. M. C°. . .	2 000 000	»	55 claims, Houtboschberg. Batterie de 10 bocards. Rendement du filon 24 grammes, d'une veine parallèle au filon 497 grammes par tonne.
Silver Wedding S.	»	»	41 claims, Houtboschberg. Sur le Zoutpansberg, Sheba reef donnant un rendement de 46 grammes.
South African exploration and land C°.	11 250 000	750 000	Réserve 1 687 500 fr. Outre différentes propriétés dans d'autres parties du pays, cette compagnie possède, à Zoutpansberg, la ferme de Doornfontein près de Smitsdorp, dans laquelle existent plusieurs filons donnant à l'analyse de 31 à 250 gr., et quatre autres fermes dans la ligne des filons de Mont Maré

COMPAGNIES OU SYNDICATS.	CAPITAL SOCIAL.	FONDS d'exploitation	PROPRIÉTÉ.
	francs.	francs.	
Thompson's S.	»	»	36 claims, Houtbosch., avec un riche filon.
Victory S.	»	»	24 claims, Houtbosch., sur le Cristal reef.
Waterval of Zoutpansberg G. M. Cº.	2 500 000	250 000	Réserve 375 000 francs, bail minier de la ferme de Waterval avec batterie de 10 bocards. A obtenu, au mois de mai 1889, 154 onces de 194 tonnes de minerai.
Waterberg-Zoutpansberg exploration Cº.	250 000	112 500	Cette compagnie s'est assuré les droits miniers sur plusieurs fermes de Zoutpansberg qu'elle a fait explorer. A la suite de la découverte de riches gisements dans sa ferme de Palmietfontein, ses actions de 625 fr. sont montées à 8 750 fr.
Zoutpansberg gold belt prospecting Cº.	»	»	A dû émettre au mois de janvier 1889 5 000 actions qu'elle gardait en réserve.
Zoutpansberg-interior G. M. S.	»	»	Bail minier de Roodepoort.
Zoutpansberg land Cº.	75 000	»	Fermes de Strasburg, France, Morgenzon, Calais, London.
Zoutpansberg Palmietfontein estate and G. M. Cº.	6 250 000	875 000	Ferme de Palmietfontein, d'une étendue de 5 000 hectares, traversée par plusieurs filons aurifères encaissés dans le granite et les schistes. Un bocardage d'essai de 10 tonnes de l'Albracht reef a donné 87 grammes d'or par tonne.
Zoutpansberg prospecting Cº.	625 000	»	Acquisition, exploration et exploitation de fermes.
Zoutpansberg Roodepoort G. M. Cº.	»	»	250 claims de la ferme de Roodepoort.
Murchison range prosp. and explor. S.	75 000	»	Exploite 120 blocs de claims traversés par 4 filons principaux, les *Barlow*, *Sutherland*, *Noorth* et *South* reefs, donnant de 93 à 280 grammes par tonne. Le Barlow reef donne 24 gr. à 7m,50 de profondeur et 248 gr. à 18 mètres. Les roches aurifères sont formées de hornblende et d'amphibole encaissés dans les schistes et le granit.
Murchison surprise S.	100 000	25 000	96 claims (Murchison Range).
Sutherland reef Cº.	2 500 000	500 000	Exploitation de 40 claims de l'Harmony block (Murchison range).

LES MINES DE LA MURCHISON RANGE

Nous trouvons dans un journal récent la liste suivante des gisements aurifères de la Murchison Range :

Blue Jacket, gisement bien défini de 1^{m},20 de large, quartz bleu encaissé dans le granite et des schistes bleuâtres, or visible ;

Consort, or visible ;

Counter Jumper, 3^{m},60 de large, pyrites décomposées, encaissé dans des schistes jaunes, or visible ;

French Bob, minerai très pyriteux de plusieurs pieds de large, or visible ;

Gridiron reef, de 2^{m},40 à 3 mètres de large, donnant aux essais jusqu'à 15 onces (466 grammes) par tonne.

Free-State, quartz blanc, cristallin, devenant plus riche en profondeur ;

Gitana, de 75 centimètres de large, très riche ;

Great Bonanza, 9 mètres de large, or visible ;

Helvetia, quartz blanc pointillé d'or et de pépites, très puissant ;

Hero, minerai jaunâtre, schisteux, or visible ;

Jumbo, quartz blanc, de 3^{m},60 à 4^{m},50, encaissé dans les schistes et le quartzite ;

Murchison and Surprise, donnant de bons essais ;

Quagga, rendement de 93 à 124 grammes ;

Star of Murchison, de 90 centimètres à 1^{m},20 de large ;

Sutherland reef, encaissé dans les schistes, amphibolique, rendement de 93 à 124 grammes ;

Enfin les *Arturs*, *Birmingham*, *Suburban* et *Spottedtail*, dont la richesse est, dit-on, surprenante.

Ces propriétés s'étendent sur une longueur de 80 kilomètres et une largeur de 9 kilomètres et sont traversées par

4 groupes de filons parallèles qui courent du nord-est au sud-ouest. Elles occupaient un millier de mineurs au mois de *mars* 1889.

REVENUS ET PRODUCTION DES MINES

Les revenus de toute nature perçus par le Trésor et découlant de l'exploitation des mines du pays ont été pendant ces deux dernières années :

NATURE DES REVENUS.	1888.	1887.
	francs.	francs.
Licences d'explorateurs (240 732 licences en 1888)	2 674 225	667 275
Licences de mineurs (73 251 licences en 1888).	1 937 675	1 617 975
— et droits d'emplacement	1 481 450	661 375
	6 093 350	2 946 625
A restituer aux propriétaires	1 720 175	283 875
Reste	4 373 175	2 662 750
Coupe de bois	43 300	21 010
Droits de douane dans les zones proclamées.	3 831 625	1 893 975
— de marché — —	38 800	10 875
Patentes — —	693 950	232 950
Droits de transfert — —	459 750	207 675
Contribution personnelle dans les zones proclamées	51 650	»
Amendes, frais de justice dans les zones proclamées	187 900	33 250
Divers dans les zones proclamées	111 350	30 325
	9 791 500	5 092 800
Redevances sur les concessions	113 000	210 925
— sur les baux miniers	172 250	88 750
	10 076 750	5 392 475

Le produit des impôts, contributions et redevances ont été :

DÉSIGNATION.	1888.	1887.
	francs.	francs.
Pour la zone de Roodepoort-Heidelberg.	26 200	»
Rooderand.	86 725	51 200
Schoonspruit-Klerksdorp	907 875	83 750
Malmani.	336 400	214 100
Marabastadt	102 825	7 350
Houtboschberg et Murchison Range. . .	121 000	16 900

RÉSUMÉ

Si nous résumons, nous trouvons que la production aurifère de la République Sud-Africaine a été comme suit :

ZONE AURIFÈRE.	ANNÉES.	PRODUCTION EN ONCES TROY (1 once = 31 gr. 0912).	
		onces.	onces.
Partie non proclamée du district de Lydenburg.	1887	8 000	18 080
	1888	7 400	
	1889 (3 mois)	2 680	
Vallée du Kaap.	1886	17 275	80 529
	1887	20 272	
	1888	25 771	
	1889 (4 mois)	17 211	
Komati	1887	158	1 181
	1888	662	
	1889 (3 mois)	361	
Compagnies exploitant les mines de Moodie.	1884	95	38 061
	1885	6 479	
	1886	9 419	
	1887	8 706	
	1888	9 515	
	1889 (4 mois)	3 820	
Witwatersrand	1887	18 733	392 512
	1888	230 548	
	1889 (5 mois)	143 231	
Klerksdorp.			2 528
Malmani.			442
Zoutpansberg.			845
			534 178
		Soit.	16 608 kil. 235

LOI SUR LES MINES

LOI N° 8 DE 1885

Sur l'exploitation des mines et le commerce des métaux précieux dans la République Sud-Africaine, avec les modifications qui y ont été apportées par les lois subséquentes jusqu'au 12 juillet 1888.

1. — Le droit d'exploitation des mines et de disposition des pierres et métaux précieux appartient à l'État.

2. — La présente loi est applicable aux diamants, aux rubis, à l'or et à tous les autres métaux précieux et pierres précieuses qui seront désignés en vertu du présent article par le Président de la République, après avis et du consentement du Conseil exécutif[1].

3. — Le Gouvernement adjoindra au département des mines un homme compétent dûment qualifié avec le titre d'ingénieur des mines de l'État, qui aura pour mission de rechercher et d'examiner les produits minéraux des différents districts et d'en faire rapport au Gouvernement. — Il sera en outre appelé à donner son avis et d'assister le Gouvernement dans les questions qui intéressent les mines et l'exploitation des richesses minérales du pays en se conformant aux instructions arrêtées par le Gouverne-

1. Un arrêté du Conseil exécutif en date du 16 avril 1889 a assimilé le mercure aux métaux précieux pour l'application de la présente loi.

ment sous la réserve de l'approbation du Volksraad ou assemblée nationale.

Le traitement de l'ingénieur des mines de l'État sera fixé par le Volksraad.

4. — Le Gouvernement a le droit d'instituer, quand il juge à propos, une ou plusieurs commissions composées d'hommes compétents et dignes de foi pour examiner les questions relatives aux mines et lui en faire rapport.

5. — Le Président de la République a le droit, après avoir pris l'avis et du consentement du Conseil exécutif, de proclamer ouverte et d'ouvrir publiquement à l'exploitation les terrains miniers dépendant du domaine de l'État et même, si c'est possible, les terrains appartenant aux particuliers après entente et du consentement de leurs propriétaires.

Le Gouvernement ne garantit pas la présence en quantité exploitable des pierres ou métaux précieux dans les terrains proclamés publics.

6. — Les terrains non arpentés, proclamés mines publiques, seront arpentés et délimités et les plans en seront dressés dans le plus bref délai possible aux frais du Gouvernement, s'il s'agit de biens domaniaux, et aux frais des propriétaires, s'il s'agit de propriétés privées.

7. — Il est loisible à tout propriétaire, sans avoir à en demander l'autorisation, de rechercher dans ses terres les pierres et métaux précieux qui pourraient y exister.

Il pourra aussi exploiter ou faire exploiter des mines dans ses propriétés en se conformant aux dispositions de la présente loi.

Nul ne pourra, sans autorisation du Gouvernement, ouvrir ses propriétés à l'exploitation publique des mines.

8. — Toute personne qui aura obtenu du propriétaire d'une ferme ou d'un terrain l'autorisation écrite d'y faire des recherches, devra se munir d'un permis ou licence de recherche nécessaire à

cet effet auprès du commissaire des mines ou bailli du district, moyennant paiement des taxes fixées par l'article 61. Ce permis sera valable pour la période fixée par l'autorisation écrite du propriétaire, sans toutefois que la durée en puisse dépasser six mois.

9. — Toute personne qui aura ou découvert des pierres ou métaux précieux en quantité exploitable dans des terrains privés ou dans des terrains domaniaux éloignés d'au moins 12 milles (19 kilomètres) d'une localité déjà exploitée, aura le droit, lors de la proclamation ou de l'ouverture à l'exploitation publique de ces terrains, à une parcelle de terrain quartzeux ou à une parcelle de dépôt d'alluvions qui sera enregistrée sous le nom de *claim* d'explorateur. Elle pourra, en outre, exploiter ce claim sans licence tant qu'elle en restera propriétaire.

10. — Lorsqu'un particulier aura autorisé des recherches sur ses terres ou lorsque le propriétaire de terrains aura fait lui-même des recherches et que des pierres ou des métaux précieux auront été découverts en quantité exploitable, le Président de la République, après avoir pris l'avis et du consentement du Conseil exécutif, aura le droit, après s'être entendu, si faire se peut, avec le propriétaire, de proclamer ces terrains ouverts à l'exploitation publique ou de joindre ces terrains, par proclamation séparée, à d'autres terrains déjà ouverts au public.

11. — L'explorateur qui trouve des pierres ou métaux précieux en quantité exploitable conformément aux articles 8 et 9 de la présente loi, ne perdra pas ses droits par le refus du Gouvernement de proclamer l'ouverture de ces terrains ou de les réunir à d'autres terrains ainsi proclamés.

12. — Le Gouvernement chargera un des membres du comité des mineurs, ou à défaut l'ingénieur des mines de l'État, le commissaire des mines le plus voisin ou le bailli, de juger de l'exploitabilité des nouvelles découvertes de gisements aurifères ou des gisements de pierres et métaux précieux.

Le résultat de l'examen auquel il sera procédé à cet effet, sera immédiatement notifié par écrit à l'explorateur.

Il sera présenté sans délai un rapport circonstancié de toute nouvelle découverte de pierres ou métaux précieux au Gouvernement, qui prononcera en dernier ressort sur leur exploitabilité.

Si le terrain dans lequel la découverte a été faite appartient à un particulier, le propriétaire aura le droit de se faire représenter par un délégué à l'examen qui sera fait par la personne mentionnée au premier alinéa du présent article.

13. — Sans préjudice de son droit particulier d'explorateur, le titulaire d'une licence de recherche jouira de tous les droits d'un mineur ordinaire du moment où, sur son rapport, il a été procédé à l'examen où le Gouvernement s'est prononcé sur l'exploitabilité du gisement conformément à l'article précédent. Ces mêmes droits lui seront acquis sur des terrains privés, quand bien même ils ne seraient pas proclamés ouverts à l'exploitation publique.

Il pourra dans ce cas, pour exploiter ses claims, faire usage de l'eau se trouvant dans les terrains, aux termes des conventions écrites intervenues avec le propriétaire.

Le présent article ne sera pas applicable à celui que le propriétaire d'un terrain a pris à gages pour faire des recherches, ni lorsque pour obtenir l'autorisation prévue à l'article 8 il est intervenu entre eux un arrangement spécial en vertu duquel l'explorateur aura renoncé par écrit aux avantages qui lui sont conférés par le présent article.

14. — Les propriétaires de terrains proclamés ouverts à l'exploitation publique auront le droit de se réserver et de faire délimiter sur les gîtes quartzeux ou sur les dépôts d'alluvions des claims qui seront désignés sous le nom de *claims de propriétaire*, et ce dans la proportion d'un claim pour une propriété de moins de 50 morgen (43 hectares), de deux claims pour une propriété de 50 à 200 morgen (43 à 171 hectares) et d'un claim en plus pour chaque parcelle de 250 morgen (214 hectares) excédant les 200, sans que le nombre de claims puisse être supérieur à 15 pour l'ensemble des terrains constituant une ferme ou *plaats*. Ces claims pourront ensuite être exploités en vertu d'un permis ou *licence*

après que l'explorateur ou inventeur des gisements aura délimité ses claims de chercheur et de mineur. Lorsque l'explorateur et le propriétaire auront délimité leurs claims, d'autres mineurs pourront librement délimiter des claims à leur profit en se conformant aux dispositions de la présente loi.

15. — Le propriétaire d'un terrain particulier où des mines sont exploitées recevra chaque mois la moitié du produit des licences de mineur.

Le propriétaire recevra 5 shellings (6 fr. 25) par mois de chaque licence d'explorateur, à moins qu'il n'ait été stipulé par contrat authentique dûment enregistré que le Gouvernement aura à lui payer une somme moindre. La taxe de la licence d'explorateur sera dans ce cas diminué de la différence payée en moins au propriétaire. Tout contrat réglant la part du propriétaire dans le produit des licences d'explorateur engagera tous les propriétaires subséquents des terrains, à moins que le Gouvernement n'en ait décidé autrement.

Le produit des licences d'emplacement appartient intégralement au propriétaire du sol.

Le décompte de toutes ces redevances sera établi au nom du propriétaire et le montant ne pourra être remis qu'à lui-même ou à son fondé de pouvoir, même dans le cas où il aurait affermé ses droits.

Lorsqu'il aura été délivré des licences d'emplacements sur des propriétés privées en nombre suffisant pour former une agglomération ou village, le Gouvernement pourra, s'il le juge à propos, frapper chaque emplacement d'une taxe ou contribution spéciale de 2 shellings 6 deniers (3 fr. 15) par mois. Cette taxe spéciale devra être acquittée en même temps que la taxe de la licence. Mention du paiement en sera faite sur ce document.

A défaut de paiement de cette taxe, le renouvellement de la licence d'emplacement pourra être refusé.

16. — L'enregistrement d'un claim d'explorateur sera effectué par le commissaire des mines dans le ressort duquel se trouve le terrain où les pierres ou métaux précieux ont été découverts, et, à son défaut, par le bailli du district.

17. — Lorsqu'une propriété particulière sera proclamée ouverte à l'exploitation ou réunie à une autre propriété déjà proclamée, il ne pourra être causé aucun dommage ni porté atteinte aux bâtiments, réservoirs ou conduites d'eau, jardins ou champs cultivés sans l'autorisation du propriétaire. Dans tous les cas, il devra être laissé une quantité d'eau suffisante pour l'alimentation du propriétaire, de sa famille et de son bétail et pour l'arrosage des champs et jardins existant au moment de la proclamation.

La quantité d'eau nécessaire à cette alimentation sera fixée par le Gouvernement avant la proclamation ou aussitôt que faire se pourra. Le propriétaire pourra ensuite faire du volume d'eau qui lui sera alloué tel usage qu'il lui conviendra.

L'eau en excédent et l'eau qui ne sera pas employée aux usages ci-dessus devra pouvoir s'écouler librement. L'usage en sera réglé par les autorités compétentes conformément aux dispositions de la présente loi.

Les locataires ou usagers de dérivations ou prises d'eau continueront à jouir de leurs droits, en tant qu'ils emploient l'eau aux usages mentionnés au premier alinéa du présent article, après que le volume d'eau à leur attribuer aura été déterminé par le Gouvernement.

Seront également applicables en pareil cas les dispositions du deuxième alinéa du présent article.

18. — Le propriétaire de terrains qui aura trouvé des pierres ou métaux précieux, ou dans les terres duquel un explorateur aurait trouvé des pierres ou métaux précieux en se conformant à l'article 8, devra se munir d'un permis d'exploitation ou bail minier (*mynpachtbrief*) qui lui sera délivré par le Gouvernement pour avoir le droit d'ouvrir et d'exploiter des mines dans sa propriété.

Le Gouvernement aura, toutefois, toujours le droit de refuser le permis d'exploitation et de proclamer les terrains soit en totalité, soit en partie, ou de les réunir à une autre exploitation publique ou de permettre à des explorateurs munis de licences de recherche de se délimiter des claims d'explorateur.

Le Gouvernement ne pourra pas refuser le permis d'exploitation s'il n'a pas l'intention d'ouvrir les terrains à l'exploitation publique ou aux explorateurs.

19. — Si le Gouvernement désire proclamer ou ouvrir aux explorateurs une ferme ou une partie de ferme, le propriétaire aura le droit de se délimiter des claims de préférence avant d'autres mineurs et après l'explorateur qui a découvert les pierres ou métaux précieux et dont les droits sont réservés conformément à l'article 14.

Pour lui permettre de réserver ses claims conformément à l'article 14, le Gouvernement avertira le propriétaire un mois à l'avance de son intention de proclamer publiquement sa propriété.

20. — Si le Gouvernement désire ouvrir aux explorateurs, conformément à l'article 18, une propriété ou portion de propriété, il devra d'abord, aux termes de l'article 5, se concerter avec le propriétaire pour déterminer les endroits, terrains bâtis, jardins, champs et conduites d'eau se trouvant à proximité, où il sera interdit de faire des recherches ou d'extraire des pierres et des métaux précieux.

Le Gouvernement aura le droit d'exiger du propriétaire ou de ses ayants cause que ces endroits réservés soient entourés de clôtures dans un délai à fixer par le Gouvernement, mais qui ne pourra être de moins d'un mois.

S'il n'est pas satisfait à cette prescription dans le délai fixé, le Gouvernement aura le droit d'y pourvoir aux frais du propriétaire.

Le Gouvernement aura le droit, dans les propriétés mentionnées au présent article, d'occuper gratuitement les emplacements nécessaires pour les bâtiments destinés aux services publics.

Ces bâtiments resteront la propriété de l'État.

21. — Il est interdit de rechercher et d'extraire des pierres ou métaux précieux sur les places publiques, dans les rues, sur les routes, chemins de fer, lieux de sépulture, cantonnements indigènes, propriétés et terrains communaux.

22. — Le permis d'exploitation ou bail minier mentionné à

l'article 18 sera délivré pour une période ne pouvant être de moins de cinq ans, ni de plus de dix ans.

Il devra être payé pour le permis 10 schellings (12 fr. 50) par morgen (85 ares 65) par an et d'avance. Le titulaire devra en outre se conformer aux prescriptions suivantes :

1° Il devra tenir exactement compte de ce qui sera trouvé dans la propriété en observant les règles tracées à cet effet par le Gouvernement;

2° Il devra en tout temps donner communication de ses livres au bailli ou autre fonctionnaire désigné à cet effet;

3° Le Gouvernement aura toujours le droit de prélever au lieu de 10 schellings par morgen, une redevance de 2 1/2 p. 100 de la valeur des découvertes qui ont été faites pendant l'année écoulée, d'après les livres ou autres preuves qui seraient établies;

4° Si les fonctionnaires de l'État l'exigent, l'exactitude des indications contenues dans les livres devra être affirmée sous serment par le propriétaire ou son teneur de livres;

5° Le tout sans préjudice des autres conditions que le Gouvernement pourrait juger nécessaires.

23. — Toute personne qui aura loué du propriétaire une partie de propriété ou de terrain pour y exploiter des mines pourra au même titre et aux mêmes conditions que le propriétaire obtenir un permis d'exploitation ou bail minier, pourvu que ses droits soient établis par un bail authentique dûment enregistré. Ce permis sera renouvelable tant que le titulaire aura le terrain en location.

Les permis d'exploitation ou baux miniers et les terrains affermés sur lesquels des licences ou des permis d'exploitation auraient été accordés peuvent être cédés et transférés à des tiers aux conditions déterminées par l'article 14 de la loi n° 7 de 1883.

Chaque transfert devra être timbré conformément à l'article 82 de la même loi.

24. — S'il le juge à propos, le Gouvernement pourra instituer un commissaire des mines pour chaque périmètre de recherche ou chaque zone minière proclamée ouverte à l'exploitation. Le

traitement de ce fonctionnaire sera fixé par le Conseil exécutif, sous la réserve de l'approbation de l'assemblée législative ou Volksraad.

Le Gouvernement aura également la faculté de nommer un officier judiciaire portant le titre de bailli spécial pour chaque périmètre de recherche ou zone minière proclamée. Cet officier exercera la même juridiction civile et criminelle que le bailli.

Lors de la nomination de cet officier, le Gouvernement déterminera exactement les limites de sa juridiction. A partir du jour de son institution, le bailli du district cessera d'exercer les pouvoirs civils et judiciaires dans l'étendue du ressort du bailli spécial.

Il sera fait application pour l'exercice de la juridiction de ce bailli spécial des lois et coutumes en vigueur dans les tribunaux de bailliage. Les appels des jugements rendus par le bailli spécial seront soumis aux mêmes règles que ceux des jugements des baillis.

Le bailli spécial exercera dans l'étendue de son ressort les mêmes attributions que celles conférées aux baillis par l'ordonnance sur les mariages. Le Gouvernement aura aussi la faculté d'instituer, en dehors du bailli spécial, un autre fonctionnaire judiciaire exerçant la même juridiction que les baillis en matière criminelle et lui accorder le droit de procéder aux instructions préliminaires.

Le Gouvernement pourra également arrêter les instructions de ces fonctionnaires et fixer leur traitement sous la réserve de l'approbation du Volksraad.

25. — Les commissaires des mines prêteront le même serment que les baillis. Tous les fonctionnaires du service des mines prêteront serment avant d'entrer en fonctions.

26. — Il sera adjoint à chaque commissaire des mines un commis qui remplira en même temps les fonctions de secrétaire du comité des mineurs et, à défaut de bailli spécial, aussi celles d'accusateur public et de greffier des tribunaux inférieurs. Son traitement sera fixé par le comité exécutif sous la réserve prescrite à l'article 24.

27. — S'il le juge nécessaire, le Gouvernement pourra adjoindre un ou plusieurs commis à chaque commissaire des mines.

Le Gouvernement désignera celui de ces commis qui remplira les fonctions de secrétaire du comité des mineurs.

Leur traitement sera fixé conformément à l'article 24.

27 *bis*. — Le Gouvernement pourra, s'il le juge à propos, nommer un inspecteur de claims pour chaque zone minière proclamée ouverte à l'exploitation et régler ses attributions. Son traitement sera fixé par le comité exécutif sous la réserve inscrite à l'article 24.

28. — Le commissaire des mines sera chargé de la surveillance du périmètre de recherche ou d'exploitation pour lequel il a été nommé. Il pourra également régler et administrer toutes les affaires concernant les mines en se conformant à la présente loi et aux règlements faits par le Gouvernement pour en assurer l'exécution. Il examinera les plaintes des mineurs, et fera tout ce qui dépendra de lui dans l'intérêt public pour contribuer au développement des mines et à la santé des populations. Il pourra aussi déterminer les endroits où aucun travail de mines ne pourra être entrepris; il veillera à ce que les routes ne soient pas entravées; il réglera, s'il est nécessaire, le lotissement et le fermage des emplacements, et indiquera les endroits où il pourra ou non être élevé des constructions. Toutefois, là où plus de cinq emplacements ont été affermés à côté ou à proximité les uns des autres, il ne pourra délivrer les licences pour d'autres emplacements sans en avoir obtenu l'autorisation du Gouvernement par l'intermédiaire du département des mines. Le Gouvernement pourra, dans l'étendue de son ressort, le charger de la perception de certains impôts personnels à charge de se conformer aux instructions qui lui seront données à cet égard. A défaut de bailli spécial, il exercera les pouvoirs judiciaires, civils et criminels conférés à ce dernier. Il sera d'office juge de paix pour toute l'étendue de la République. Pour la procédure devant le commissaire des mines, il sera fait application des lois et coutumes en vigueur dans les tribunaux de bailliage. Il en sera de même pour les appels des

jugements rendus par lui. A défaut de bailli spécial, il exercera, en ce qui concerne les mariages, les attributions conférées aux baillis par l'ordonnance sur les mariages, dans l'étendue de son ressort.

28 *bis*. — Le Gouvernement nommera, où il jugera à propos, un ou plusieurs commis responsables du commissaire des mines.

Il aura la faculté de stationner ces commis responsables à tels endroits de la zone minière proclamée qu'il jugera nécessaire.

La responsabilité dont est chargé celui de ces commis travaillant dans les bureaux du commissaire des mines, ne décharge pas ce dernier de la responsabilité qui lui incombe.

Un commis responsable pourra délivrer des permis ou licences de recherche et de mineur aux mêmes conditions, et en se conformant aux mêmes prescriptions que le commissaire des mines. Les licences signées et délivrées par un commis responsable conféreront les mêmes droits que si elles avaient été signées et délivrées par le commissaire des mines lui-même.

Le commis responsable sera obligé de tenir un registre de toutes les licences délivrées par lui.

Il devra verser, aussi souvent que possible, et au moins une fois par semaine, toutes les sommes qu'il aura reçues, entre les mains du commissaire des mines auquel il devra en outre, dans les sept jours qui suivront l'expiration de chaque mois, remettre ses rapports et le relevé de ses comptes.

Le Gouvernement aura le droit d'investir un commis responsable des pouvoirs et de la juridiction d'un juge de paix local, et de déterminer l'étendue de son ressort.

28 *ter*. — Tous les terrains enclavés dans des propriétés proclamées ou dans un périmètre de recherches seront soumis à la juridiction du commissaire des mines, ou, s'il y a lieu, des officiers judiciaires spéciaux qui auraient été institués.

Le Gouvernement aura le droit, lors de la proclamation de propriétés, de placer, sous la juridiction des autorités de la zone proclamée, des terrains qui attiennent à cette zone ou qui en sont proches.

29. — Il est interdit à tout commissaire des mines, bailli spécial, bailli adjoint, inspecteur de claims et à leurs suppléants et commis d'une zone proclamée, soit directement, soit indirectement, de posséder des claims, d'exercer aucun commerce, de gérer une agence, de quelle nature que ce soit, ou d'avoir une part ou un intérêt quelconque dans une société de mineurs ou de commerce.

Il est également interdit à tout bailli ou fonctionnaire supérieur et à leurs subordonnés d'être directeur ou employé d'une compagnie pour l'exploitation de mines.

S'il est constaté que des fonctionnaires se sont rendus coupables d'infraction aux dispositions du présent article, ils seront, suivant les cas, suspendus temporairement de leurs fonctions, ou destitués par le Gouvernement.

30. — Le commissaire des mines pourra délivrer *des licences de recherche* qui ne seront valables que dans un rayon de 25 milles anglais (40 kilomètres) autour de la zone minière pour laquelle il a été institué.

Dans chaque zone minière proclamée, le commissaire des mines pourra déterminer les endroits où il pourra être fait des recherches sous le couvert d'une licence de recherche, et où il ne pourra être travaillé sans licence de mineur.

S'il est constaté qu'une personne munie d'une licence de recherche occupe des terrains sans travailler à la recherche des pierres ou métaux précieux, à la satisfaction du commissaire des mines, celui-ci pourra lui enjoindre de prendre une licence de mineur ou d'évacuer les terrains.

Chaque bailli pourra également délivrer des licences de recherche valables dans l'étendue de son district.

30 *bis*. — L'enregistrement des transferts de claims et d'emplacements sera effectué au bureau du commissaire des mines du lieu où ils seront situés.

31. — Le commissaire des mines devra tenir un registre de toutes ces recettes et dépenses

Il devra également tenir des registres de toutes les licences et droits qu'il aura accordés à des particuliers ou à des compagnies, et notamment :

a. Un registre des licences de commerce ;

b. Un registre des licences délivrées aux mineurs dans la zone minière exploitée ;

c. Un registre des licences de recherche délivrées à des explorateurs dans des propriétés particulières, en indiquant le nom du propriétaire et de la propriété où les recherches sont faites. Il ne sera délivré aucune licence de recherche sur des propriétés privées que sur la présentation du consentement écrit du propriétaire, à moins que la propriété n'ait été proclamée ou ouverte aux explorateurs aux termes des articles 18 et 19.

d. Un registre des licences de mineur délivrées pour des terrains donnés en concession ou exploités en vertu d'un permis d'exploitation ou bail minier en indiquant le nom du concessionnaire ou permissionnaire et de la propriété. Aucune licence de mineur ne pourra être délivrée en pareil cas sans l'autorisation écrite du concessionnaire ou permissionnaire ;

e. Un registre des droits accordés sur des prises d'eau, dérivations d'eau, claims, etc. ;

f. Un registre des cessions de claims et de droits miniers ;

g. Un registre des baux miniers ou permis d'exploitation accordés par le Gouvernement aux termes de l'article 50 ;

h. Et tels autres registres que le Gouvernement jugera à propos de prescrire.

Le public pourra prendre connaissance de ces registres aux conditions déterminées par le Gouvernement.

32. — Il sera, en outre, tenu d'envoyer ses états tous les mois au trésorier général en même temps que les fonds de l'État qu'il a entre les mains.

33. — Le commissaire des mines veillera spécialement :

a. A ce que nul ne fasse le commerce, n'exploite ou ne recherche des mines sans licences ;

b. A ce que son commis ou ses employés tiennent note de toutes les affaires judiciaires qui lui sont soumises et à ce que ses subordonnés remplissent fidèlement leurs devoirs et rendent exactement compte des fonds qui leur sont confiés;

c. A ce que tous les bâtiments et le matériel appartenant à l'État soient conservés en bon état;

d. A ce que les droits d'entrée sur les marchandises importées de l'étranger qui n'auraient pas été acquittés soient perçus conformément au tarif des douanes;

e. A ce que les droits de timbre et de mutation dus au Gouvernement sur les transferts de claims et d'emplacements soient acquittés régulièrement;

f. A ce que tous les droits et taxes dus à l'État en vertu des lois et règlements existants ou à édicter soient scrupuleusement perçus et enfin à ce que tous les documents officiels soient régulièrement timbrés.

34. — Dans toute zone minière nouvellement proclamée, le commissaire des mines fixera un délai pour l'élection d'un comité de neuf membres choisis parmi les titulaires de licences d'explorateurs ou de mineurs. Les membres de ce comité seront élus pour douze mois, mais seront rééligibles.

Il sera donné avis de cette élection par voie d'affichage à la porte du bureau du commissaire des mines et dans d'autres lieux publics pendant une période de quinze jours.

Cinq membres au moins du comité devront être présents aux séances pour pouvoir prendre une décision valable.

Tout membre du comité des mineurs qui cessera d'être titulaire d'une licence d'explorateur ou de mineur cessera aussi, par cela seul, de faire partie du comité des mineurs.

35. — Tout membre élu du comité des mineurs devra prouver qu'il est titulaire d'une licence de mineur ou d'explorateur et prêter serment de fidélité à l'État entre les mains du commissaire des mines.

36. — Si leur nombre ne dépasse pas cinq, les propriétaires de terrains privés proclamés siégeront et auront voix délibérative dans le comité, en dehors des membres élus.

S'ils sont plus de cinq, les propriétaires des terrains proclamés éliront cinq d'entre eux pour les représenter dans le comité où ils auront voix délibérative.

Ces représentants continueront à siéger dans le comité quand bien même ceux qui les ont délégués auraient cédé leurs droits, pourvu toutefois qu'ils restent eux-mêmes propriétaires.

Le mode d'élection des représentants des propriétaires sera réglé par le commissaire des mines avec l'approbation du Conseil exécutif.

A moins de stipulation expresse entre le propriétaire et le fermier, la dation à bail, par le propriétaire du sol, des mines existant dans ses propriétés en vertu d'un acte authentique dûment enregistré, n'emporte pas, pour le fermier, le droit de remplacer le propriétaire soit dans le comité, soit pour l'élection des représentants des propriétaires.

37. — Les comités mentionnés aux articles 34, 35 et 36 porteront le nom de : **Comité des mineurs des mines de...**

38. — Tout membre d'un comité qui n'assistera pas à trois séances consécutives sera considéré comme démissionnaire. Son siège sera alors déclaré vacant.

Cette disposition n'est pas applicable aux propriétaires ou à leurs représentants dont il est fait mention à l'article 36.

Le comité aura le droit d'accorder un congé ne pouvant dépasser quatre mois à deux de ses membres au plus à la fois.

39. — Le commissaire des mines sera de droit président du comité des mineurs. Il prendra de concert avec lui telles mesures et arrêtera tels règlements qu'il jugera convenable pour les besoins des mines, sous cette réserve toutefois que ces mesures et règlements ne seront pas contraires à la présente loi, ni aux lois et arrêtés subséquents.

Les règlements faits par eux seront soumis à l'approbation du Gouvernement et entreront en vigueur du jour de leur publication au *Journal officiel* (voir article 88).

40. — Si aucun comité ne peut être constitué ou si, après avoir

existé, un comité est dissous, les droits et devoirs de ce comité incomberont entièrement au commissaire des mines. Lorsqu'une vacance se présentera dans le comité, le commissaire des mines y fera pourvoir par une élection publique annoncée au moins 14 jours à l'avance, comme il est prescrit à l'article 34.

41. — Il pourra être appelé des décisions du commissaire des mines ou du bailli spécial devant la cour ambulante, devant le juge siégeant à Pretoria ou devant la haute Cour.

42. — (Abrogé.)

43. — Les personnes ou sociétés ayant obtenu la concession ou le permis d'exploitation de terrains privés ou domaniaux auront la faculté, sans enfreindre leur concession ou permis d'autoriser des tiers à extraire des pierres ou métaux précieux dans les terrains concédés, à telles clauses et conditions légales que les parties arrêteront entre elles, à charge par chaque mineur de se pourvoir d'une licence et de se conformer aux lois et règlements sur l'exploitation des terrains proclamés publics.

44. — Ne seront admis à plaider devant le commissaire des mines agissant comme bailli, que les agents, avoués ou avocats autorisés, conformément aux lois en vigueur, à exercer devant les tribunaux civils du pays et admis par le tribunal de bailliage.

Le tarif des licences nécessaires pour plaider devant une cour ou tribunal d'un centre minier proclamé sera fixé par ordonnance spéciale.

Aucune personne non munie d'une licence ne pourra se présenter pour un tiers devant une cour ou tribunal. Toutefois chacun sera libre, s'il le désire, de présenter sa cause en personne devant une cour ou un tribunal d'un centre minier proclamé.

La partie qui présentera sa cause en personne ne pourra toutefois porter en compte aucun autre frais de procédure que ceux de témoins et de greffe. Il ne pourra de même être réclamé de la partie succombante des frais d'agent ou d'avoué dans des affaires concernant des mineurs.

45. — Le concessionnaire ou permissionnaire qui admettra des mineurs sur les terrains de sa concession conformément à l'article 43 aura droit aux trois quarts du produit des licences. Le montant lui en sera payé tous les trimestres par le Gouvernement.

46. — Les mineurs travaillant sur des terrains concédés ou exploités aux termes d'un bail minier ressortiront du commissaire des mines le plus proche ou du bailli du district, suivant qu'il sera décidé par le Gouvernement.

47. — Les propriétaires et usagers de terrains le long des rivières ou cours d'eau n'auront aucun recours contre le Gouvernement, les compagnies ou les particuliers exploitant des mines qui troubleraient l'eau de ces rivières ou cours d'eau en en faisant usage pour leurs exploitations.

48. — En ce qui concerne la répartition des eaux, il appartiendra au comité des mineurs de chaque centre minier proclamé, de prendre les mesures nécessaires pour arriver à effectuer cette répartition d'une façon rationnelle et équitable, en tenant compte des droits des propriétaires riverains.

Aucun droit de prise d'eau admis par le comité des mineurs ne sera valable qu'autant qu'il aura été accordé conformément et en vertu des règlements approuvés par le Gouvernement.

En ce qui touche les terrains proclamés, il est expressément entendu qu'aucun mineur, en quelle circonstance que ce soit, n'aura droit de propriété ou de captation de l'eau des rivières. cours d'eau ou conduits établis. Il n'aura que le droit d'usage de l'eau en se conformant aux lois et règlements en vigueur.

Il ne sera tenu aucun compte de la valeur de l'eau dans les cas où il y aurait lieu à indemnité. Le Gouvernement pourra, toutefois, accorder par contrat un droit de prise d'eau sur les terrains domaniaux.

49. — Le Président de la République pourra instituer un corps

de police et prendre telles mesures qu'il jugera convenables en se conformant à la présente loi pour assurer la prospérité et l'ordre dans les centres miniers proclamés.

Ce corps de police sera placé sous les ordres du fonctionnaire exerçant juridiction criminelle.

50. — Il ne sera à l'avenir accordé aucune concession sur des terrains domaniaux. S'il se trouve toutefois des localités où l'exploitation de claims par des mineurs isolés ne soit pas assez profitable ou dont les terrains, après avoir été divisés et exploités par claims ont été abandonnés, ces terrains pourront être donnés à bail à un ou plusieurs mineurs, pour un temps déterminé, pour les exploiter avec des machines ou par d'autres moyens, et ce aux conditions suivantes :

a. L'étendue des terrains amodiés ne pourra être inférieure à 150 pas de long sur 150 de large, ni supérieure à 250 pas de long sur 250 de large;

b. Chaque demande sera affichée pendant un mois dans les bureaux du bailli du district ou dans les bureaux du commissaire des mines si le terrain est sous sa juridiction, ainsi que sur le terrain demandé. La demande devra contenir une description exacte des terrains en indiquant ses dimensions, sa situation et s'il a déjà été exploité.

c. Toute personne aura la faculté de faire opposition à l'amodiation d'un terrain minier.

Cette opposition devra être faite par écrit et être motivée. Elle sera examinée par le bailli ou le commissaire des mines.

d. Une fois le délai de publication expiré, le bailli ou le commissaire des mines enverra la demande au gouvernement en l'accompagnant de son rapport. Si le Gouvernement approuve la demande, il sera alors délivré un permis d'exploitation, conforme au modèle A annexé à la présente loi.

e. Il sera payé pour une amodiation de terrains miniers une redevance annuelle de 10 schellings (12 fr. 50) par morgen, payables d'avance. Le bail devra être revêtu d'un timbre de 5 livres sterling (125 francs).

f. Les baux miniers peuvent être cédés et transférés aux mêmes conditions et dans la même forme que les claims et autres droits miniers.

g. Si les terrains amodiés ne sont pas exploités, le bail ne pourra être renouvelé que sur l'autorisation écrite du Gouvernement;

h. Et aux autres conditions que le Gouvernement jugerait à propos d'arrêter.

51. — Chaque demande de bail minier, de prise d'eau, de protection, de syndicat de claims devra être faite sur timbre de 5 schellings (6 fr. 25).

52. — Les mineurs détenteurs d'un nombre de claims limitrophes ne pouvant excéder 12, qui désireront syndiquer leurs claims, pourront, sur leur demande, les faire enregistrer comme syndiqués au bureau du commissaire des mines, avec tous les droits de prise ou d'usage d'eau qui en dépendent. Lors de l'enregistrement, la part de chaque mineur devra être clairement et expressément indiquée.

Le certificat qui sera délivré sur un timbre de 2 livres sterling (50 francs) conférera aux mineurs syndiqués les avantages et privilèges ordinaires qui seront attachés aux syndicats par règlements applicables dans le centre minier où les claims sont situés.

52 *a*. — Chaque claim de mineur ou chaque bloc de claims de mineurs syndiqués pourra être spécialement enregistré de la manière prescrite ci-après.

52 *b*. — Toute personne qui voudra faire enregistrer spécialement un claim ou un bloc de claims syndiqués devra en faire la demande au commissaire des mines compétent en observant autant que possible les règles suivantes :

La demande devra porter le timbre fixé à l'article 51.

A la suite de la demande, le commissaire des mines remettra au requérant un avis, conforme autant que possible au modèle ci-annexé, l'informant de la date de l'examen de sa demande. Il devra y avoir un intervalle de trois mois au moins entre la date de l'avis et l'époque fixée pour l'examen de la demande.

Cet avis devra être publié par le requérant au moins deux mois avant l'époque fixée pour l'examen de la demande; une fois au *Journal officiel* et deux fois dans un des journaux de la localité, ou, à défaut, de Pretoria.

Si, avant l'époque fixée pour l'examen, aucune opposition ou objection n'a été signifiée au requérant et au commissaire des mines, ce dernier pourra faire droit à la demande, pourvu qu'il ait, au surplus, été satisfait à la loi et l'enregistrement spécial sera effectué de la façon fixée ci-après. Tout acte significatif d'opposition ou d'objection devra porter un timbre de 5 schellings (6 fr. 25) conformément à l'article 51.

Si, avant l'époque fixée pour l'examen de la demande, une opposition ou objection a été signifiée au commissaire des mines, l'enregistrement spécial sera temporairement suspendu.

Dans les dix jours qui suivront la signification, l'opposant devra recourir à la voie judiciaire pour faire reconnaître la validité de son opposition. La validité de l'opposition pourra être demandée par simple requête au tribunal. Le fonctionnaire chargé de la juridiction civile dans la zone proclamée connaîtra des demandes en validation d'oppositions et il rendra, en ce qui concerne l'enregistrement spécial, tel ordre qu'il jugera à propos.

Si la demande d'enregistrement spécial d'un ou de plusieurs claims est accordée, l'enregistrement sera effectué dans un registre *ad hoc* tenu dans la forme prescrite par le chef du département des mines.

De tout enregistrement il sera délivré un certificat autant que possible conforme au modèle ci-annexé.

Ce certificat sera timbré au timbre de 10 £ (250 francs). Aucun certificat ne sera délivré si tous les droits et taxes dus pour le claim ou les claims n'ont pas été acquittés.

52 *c*. — Il ne pourra être pris possession de la façon prévue à l'article 56 de claims spécialement enregistrés.

52 *d*. — L'article 61 § *b* n'est pas applicable aux claims spécialement enregistrés.

Sommation de paiement sera faite par le commissaire des

mines lorsque la taxe de licence de mineur pour les claims de cette catégorie n'a pas été acquittée depuis six mois au plus.

Le commissaire des mines sera tenu de faire cette sommation immédiatement après l'expiration des six mois.

Si, dans le délai de trois mois après que la sommation aura été publiée, toutes les taxes n'ont pas été acquittées, le claim ou les claims pour lesquels elles sont dues devront être vendus aux enchères par le Gouvernement aux conditions fixées par lui.

L'époque de la vente sera annoncée par la voie du *Journal officiel.*

Sur le produit de la vente seront d'abord prélevés les taxes et les frais dus au Gouvernement. Dans les frais sera comprise une somme de 2 £ 10 (62 fr. 50) par claim à titre d'amende et pour dépense d'exécution.

52 *e*. — Les claims spécialement enregistrés pourront être hypothéqués comme des immeubles. Il leur sera fait application des mêmes règles que celles relatives aux hypothèques sur les immeubles. Toutefois l'inscription des hypothèques sur les claims sera effectuée au bureau du commissaire des mines où les claims ont été enregistrés.

52 *f*. — Les emplacements concédés sur des terrains domaniaux pourront être spécialement enregistrés de la même façon que les claims.

52 *g*. — Seront applicables au paiement des licences d'emplacements spécialement enregistrés, les prescriptions de l'article 52 *d* en ce qui concerne les claims spécialement enregistrés.

52 *h*. — Les emplacements spécialement enregistrés pourront être hypothéqués de la même façon et aux mêmes conditions que les claims spécialement enregistrés.

53. — Lorsque des claims seront syndiqués, il suffira qu'un des claims soit exploité ou travaillé pour la conservation des droits du syndicat.

54. — Lorsqu'un terrain est proclamé ouvert publiquement à l'exploitation aux termes de la présente loi, les personnes qui y auront délimité des claims d'explorateur à la faveur d'une *licence de recherche*, pourront conserver ces claims en se conformant à la présente loi.

55. — Le détenteur ou, en cas de syndicat ou de réunion, les détenteurs d'un ou de plusieurs claims de gîte quartzeux auront un droit de protection sur leurs claims pendant une période de 6 à 12 mois, en en faisant la demande par écrit au commissaire des mines. La demande devra indiquer que la protection est réclamée afin d'avoir le temps de faire venir des machines pour l'exploitation régulière des claims. Cette intention d'importer des machines devra être affirmée par serment.

Le certificat assurant la protection devra être libellé sur un timbre de 1 livre sterling (25 francs) pour chaque mois de protection demandée. Le mineur devra néanmoins acquitter les droits ordinaires de licence.

La protection cessera de plein droit du jour où le demandeur ne jouira plus du bénéfice d'une licence.

56. — Nul ne pourra prendre possession (*jumpen*) d'un claim délimité par un autre mineur conformément à la loi, à moins que celui-ci ne soit resté trente jours consécutifs sans y travailler ou sans y faire travailler.

Lorsqu'un mineur muni d'une licence voudra s'emparer de cette façon d'un claim abandonné, il devra d'abord marquer le terrain conformément à la loi et en informer sans délai le bailli spécial ou à défaut le commissaire des mines, ainsi que le détenteur primitif ou son représentant. L'avis donné à cet effet devra énoncer les motifs de la prise de possession du claim. Le bailli spécial, ou à défaut le commissaire des mines, fixera le jour et l'heure où les parties auront à comparaître pour que l'affaire soit entendue par lui. Le nouvel occupant (*jumper*) sera considéré comme demandeur.

57. — Il ne sera accordé de protection pour des claims sur des

gîtes d'alluvion qu'en cas de maladie ou lorsque, de l'avis du commissaire des mines, des circonstances spéciales justifieraient la protection.

La durée de la protection sera déterminée selon les cas. La protection sera accordée gratuitement.

57 *a*. — Celui qui sera appelé sous les armes pour faire partie d'un commandement ou pour maintenir l'ordre, jouira *ipso facto* de la protection sur ses claims pendant tout le temps qu'il sera maintenu en service public ; et s'il fait partie d'un commandement, pendant une période supplémentaire de trente jours après sa libération. Cette protection lui sera acquise sans qu'il ait à en faire la demande, à charge de donner avis de sa convocation au commissaire des mines qu'il appartiendra.

Il ne sera payé aucune licence pour des claims jouissant de cette protection.

57 *b*. — Une protection temporaire peut être accordée pour des claims en cas de maladie, d'insalubrité de la contrée ou pour telles raisons que le commissaire des mines jugera suffisantes pour justifier la protection. Toute affaire de protection temporaire sera transmise dans le plus bref délai, avec un rapport circonstancié, par le commissaire des mines, au chef du département des mines, qui la soumettra à l'approbation du Gouvernement.

La durée de la protection sera fixée suivant les circonstances. Elle sera gratuite.

Pendant la durée de cette protection, il ne sera dû aucune taxe de licence de mineur ou d'explorateur sur les claims ainsi protégés.

58. — Il ne pourra être pris possession de claims abandonnés par suite de décès du titulaire que si l'exécuteur testamentaire, administrateur ou curateur de la succession néglige de se conformer à la loi dans les 30 jours qui suivront l'avis de sa nomination ou l'approbation de sa nomination par le directeur de la chambre des orphelins.

S'il est régulièrement satisfait à l'égard de ces claims aux prescriptions légales, ils seront considérés comme faisant partie de l'actif de la succession et régis comme tels par la loi sur les successions.

59. — Le Gouvernement aura la faculté, dans l'intérêt public, pour l'établissement de chemins de fer, de conduites d'eau, de retirer en totalité ou en partie des droits qui auraient été précédemment concédés à charge d'accorder aux intéressés une indemnité à fixer de commun accord avec le Gouvernement. En cas de contestation, le montant de l'indemnité sera fixé par des arbitres choisis par les parties. A défaut d'entente entre les arbitres, il en sera référé à un tiers arbitre désigné d'avance qui prononcera en dernier ressort sur les points en litige.

60. — Un terrain ou une partie de terrain proclamé ouvert à l'exploitation publique ne pourra être fermé que si le nombre de la population blanche qui y travaille est inférieur à un habitant par 20 morgen. Le retrait de la proclamation de terrains miniers sera annoncé trois ans à l'avance. Il sera alors, au choix du Gouvernement, pourvu à la continuation des travaux ou accordé une compensation aux mineurs dont les claims ne seraient pas épuisées.

Si toutefois, dans une propriété particulière proclamée publique, il se trouve des terrains dont l'exploitation ne serait pas assez rémunératrice pour des mineurs isolés ou qui auraient été abandonnés après avoir été exploités par claims, le Gouvernement aura le droit de délivrer des baux miniers ou permis d'exploitation sur ces terrains conformément aux articles 18, 22 et 23 de la présente loi.

61. — Toute personne de la race blanche qui se conforme aux lois du pays pourra obtenir une licence de mineur pour travailler dans un centre minier proclamé ou pour l'extraction de pierres et métaux précieux, contre paiement de 20 schellings (25 francs) par mois. Elle pourra également obtenir une licence lui donnant droit de faire des recherches dans les terrains domaniaux ouverts aux explorateurs par le Gouvernement et situés dans le ressort du

fonctionnaire qui a délivré la licence ou dans des propriétés particulières en se conformant aux prescriptions de la présente loi.

Il devra être payé une taxe de 5 schellings (6 fr. 25) par mois pour une licence d'explorateur sur des terrains domaniaux et pour une licence d'explorateur de terrains particuliers 7 schellings 6 deniers (9 fr. 35) par mois au moins, en suivant les conventions faites par le Gouvernement avec le propriétaire, aux termes de l'article 15 de la présente loi.

61 *a*. — Les règles suivantes seront applicables à la délimitation et à la prise de possession de claims d'explorateur ou de mineur par l'intermédiaire d'un fondé de pouvoir.

a. Toute personne de l'un ou de l'autre sexe habitant le territoire de la République pourra, par l'intermédiaire d'un fondé de pouvoir, se faire délimiter et entrer en possession de claims d'explorateur ou de mineur à la condition, s'il s'agit d'une femme mariée, qu'elle soit assistée de son mari et, s'il s'agit de mineurs, qu'ils soient assistés de leurs parents ou tuteurs ou représentés par eux.

b. Tout homme majeur habitant l'étranger pourra se faire délimiter et mettre en possession de claims d'explorateur ou de mineur par l'intermédiaire d'un mandataire muni d'une procuration authentique dûment légalisée.

Ni les femmes ni les enfants mineurs habitant l'étranger ne pourront se faire délimiter des claims d'explorateur ou de mineur par fondé de pouvoir.

Les procurations devront, en tous cas, être déposées au bureau du commissaire des mines compétent.

61 *b*. — Lorsqu'une licence de mineur est périmée faute d'avoir été renouvelée avant ou à l'époque de son expiration, le claim pour lequel elle avait été délivrée ne pourra pas être marqué et occupé par une autre personne.

Le détenteur primitif pourra rentrer dans ses droits sur ce claim en prenant une nouvelle licence dans le délai de trente jours après celui de l'expiration de la licence et en payant en outre pour chaque claim :

1° Une taxe équivalente au droit de licence pour le nombre de jours qui se sont écoulés depuis l'expiration de la dernière licence, et

2° Une amende de 1 schell. 6 deniers (1 fr. 85) pour chaque jour ainsi écoulé.

Cette somme ne sera, toutefois, pas due si le détenteur primitif prend une nouvelle licence pour le même claim dans les cinq jours qui suivront l'expiration de l'ancienne.

A l'expiration de ce délai de trente jours, le claim sera confisqué au profit de l'État et vendu de la manière que le Gouvernement jugera convenable.

Après déduction d'une somme de 2 £ 10 (62 fr. 50) pour frais d'exécution, le produit de la vente de claims ainsi abandonnés dans des terrains particuliers sera partagé entre le propriétaire et le Gouvernement.

62. — Tout mineur permissionné pourra avoir, dans un centre minier proclamé, une licence pour un claim d'alluvion, et une pour un claim de gîte quartzeux. Il pourra également acheter des claims d'autres détenteurs permissionnés. Il devra toutefois, dans ce cas, se pourvoir d'une licence de mineur pour chaque claim.

Lorsque les détenteurs de claims syndiqués en un seul bloc auront fait enregistrer leurs parts respectives au bureau du commissaire des mines contre paiement d'un droit de 5 £ (125 francs), en vue de jouir du bénéfice du présent article, chacun d'eux aura le droit de prendre un nouveau claim ou de donner sa procuration pour marquer un nouveau claim en son nom. Une fois qu'il sera fait usage d'une procuration, elle restera déposée au bureau du commissaire des mines.

62 *a*. — Il est interdit de marquer des claims le dimanche, et entre le coucher et le lever du soleil. Le marquage d'un claim en temps prohibé sera considéré comme nul et sans valeur.

63. — Un claim d'alluvion pour rechercher des métaux précieux aura une étendue de 150 pieds (45 mètres) de long sur

150 pieds de large, et devra être délimité au moyen de jalons indicateurs et de fossés, se rejoignant à angles droits, suivant la direction du claim.

Un claim pour les recherches de pierres précieuses aura 30 pieds (9 mètres) de long sur 30 pieds de large.

Un claim de gîte ou de filon quartzeux aura une longueur de 150 pieds (45 mètres) dans le sens de la direction du filon, et une largeur de 400 pieds (120 mètres) prise à volonté sur un des côtés ou sur les deux côtés du filon. En ce qui concerne les claims de filon, il suffira de les marquer pendant les sept premiers jours au moyen de deux piquets placés au centre. Passé ce délai, la délimitation devra être effectuée au moyen de piquets aux quatre angles, et la direction indiquée par des jalons ou des voyants.

S'il est découvert et extrait de l'or d'alluvion dans un claim de filon, il devra être payé une taxe double pour la licence.

Pour des claims de filon syndiqués, il suffira de marquer chaque bloc syndiqué, au moyen de piquets placés aux quatre angles. Toutefois, les noms des titulaires respectifs des claims devront être inscrits lisiblement, ainsi que la date de la réunion sur chaque piquet.

La possession d'une licence pour un claim ne donne pas le droit de disposition de la superficie des terrains. Ce droit est réservé au Gouvernement, qui pourra y établir des routes ou autres travaux, sans toutefois entraver l'exploitation du claim.

63 *a.* — Les piquets d'angle des claims ne pourront avoir un diamètre inférieur à deux pouces ($0^m,05$) et devront émerger d'au moins 12 pouces ($0^m,32$). Près de chaque piquet d'angle devront être creusés deux fossés se coupant à angle droit au pied du piquet, ayant 3 pieds ($0^m,91$) de longueur, 1/2 pied ($0^m,15$) de largeur, et 1 pied ($0^m,30$) de profondeur et indiquant la direction des limites des claims.

63 *b.* — Chaque claim devra être numéroté, et porter lisiblement le nom du propriétaire. La date de la délimitation devra de plus être indiquée sur chaque piquet.

Lorsque l'inspecteur constatera qu'il n'a pas été satisfait aux prescriptions ci-dessus, il aura le droit d'infliger au contrevenant une amende de 2/6 (3 fr. 10) au moins et de 5/- (6 fr. 25) au plus. Il en informera le propriétaire ou son représentant ainsi que le commissaire des mines. Le contrevenant aura le droit, dans les huit jours, d'appeler de la décision prise, devant le bailli spécial ou, à défaut, devant le commissaire des mines. Si, à l'expiration de ce délai, il n'a pas été interjeté appel ni payé d'amende au bureau du commissaire des mines, celui-ci ne délivrera plus de licence pour le claim sur lequel la contravention a été constatée, tant que l'amende n'aura pas été versée.

64. — Toutes les découvertes de nouveaux filons devront être déclarées au commissaire des mines avant que l'on ne puisse vendre des claims sur ce filon.

65. — Tout mineur muni d'une licence aura droit, indépendamment de ses claims, à un emplacement pour son habitation en dehors des terrains réputés contenant des pierres ou métaux précieux. Cet emplacement lui sera accordé gratuitement, mais il devra l'évacuer si l'ordre lui en est donné par le commissaire des mines.

66. — Le détenteur d'un claim de filon n'aura pas le droit de déposer des déblais sur un claim en contre-bas du sien, ni d'en entraver ou d'en empêcher l'exploitation.

67. — Toute personne de la race blanche qui désire établir des magasins ou des habitations dans un centre minier proclamé ou dans une zone proclamée ouverte aux explorateurs, devra demander à cet effet une ou plusieurs licences d'emplacement au commissaire des mines et là où l'exploitation des mines ne puisse être entravée. Le Gouvernement aura, toutefois, le droit d'octroyer des emplacements d'une plus grande dimension où il le jugera à propos.

La licence d'emplacement sera accordée au mois ou à l'année, au choix du demandeur. Elle devra, toutefois, être renouvelée de temps en temps. La redevance à payer pour la licence d'un emplacement de 50 pieds de côté, sera de 10/- (12 fr. 50) par mois. Le Gouvernement fixera, suivant les circonstances, le montant de la redevance pour les emplacements d'une plus grande dimension.

67 *a*. — Le transfert et l'enregistrement de portions d'emplacements sera admis, pourvu qu'il soit déposé, au bureau où l'enregistrement doit avoir lieu, un plan dressé par un arpenteur et dûment approuvé de la portion à transférer ou à enregistrer. Cette portion sera considérée et enregistrée comme un emplacement distinct, et il devra en être pris une licence moyennant 5/- (3 fr. 15) par mois.

Cette portion sera passible de la taxe intégrale de 2 sch. 6 d. (3 fr. 15), prévue à l'article 15.

68. —Tout mineur ou titulaire d'une licence devra, de ce requis, prêter aide et assistance pour le maintien de l'ordre, sous peine de retrait de sa licence et d'une amende ne pouvant excéder 25 £. (625 francs).

69. — Toute personne qui, dans l'étendue d'un centre minier proclamé, se rendra coupable de révolte, de rébellion ou de résistance illégale contre le Gouvernement ou les autorités établies, sera punie de la confiscation au profit de l'État de ses droits et de ses biens dans le centre minier, sans préjudice des peines édictées par la loi pénale.

La personne ou les personnes sur l'information desquelles un individu aura été convaincu d'un des crimes mentionnés ci-dessus, aura ou auront droit à la moitié de la valeur des droits et biens confisqués.

70. — Toute personne faisant le commerce sans licence sera passible des peines édictées par les lois du pays. Sera aussi passible d'une amende de 5 £ (125 francs) au moins, à 25 £ (625 francs) au plus, pour chaque infraction, et, à défaut de paiement, d'un emprisonnement d'un mois au moins à six mois au plus, avec ou sans travaux forcés :

a. Celui qui extrait ou recherche des pierres ou métaux précieux sans licence ;

b. Celui qui marque un claim sans licence ;

c. Celui qui, avec ou sans licence, extrait ou recherche des pierres ou des métaux précieux dans les terrains domaniaux qui n'ont pas été ouverts conformément à l'article 61, à moins d'en avoir obtenu l'autorisation spéciale du Gouvernement.

71. — Nul ne pourra sans licence spéciale faire le commerce sous quelle forme que ce soit, vendre, acheter ou échanger des pierres ou métaux précieux bruts. La taxe de la licence sera de 10 £ (250 francs) par trimestre. Sera, toutefois, dispensé de la licence tout mineur opérant isolément ou toute compagnie vendant des pierres ou métaux précieux bruts trouvés ou extraits par eux ou par leurs ordres. Le Gouvernement aura la faculté d'affranchir entièrement ou partiellement de la licence prescrite ci-dessus, le commerce d'une ou de plusieurs espèces de pierres ou métaux précieux.

Toute personne non munie d'une licence spéciale qui fera le commerce des pierres ou des métaux précieux bruts sera punie d'une amende de 100 £ (2 500 francs) au plus ou, à défaut de paiement, d'un emprisonnement de six mois au plus, avec ou sans travaux forcés.

72. — Tout marchand de pierres ou de métaux précieux bruts, muni d'une licence, devra tenir les livres de commerce qui lui seront prescrits par le Gouvernement. Il devra adresser le premier jour de chaque mois au chef du département des mines une copie dûment assermentée des livres qui lui seront indiqués et dans la forme prescrite par le Gouvernement.

Toute infraction à cet article sera punie d'une amende de 50 £ (1 250 francs) au plus, et, à défaut de paiement, d'un emprisonnement d'un mois au plus.

73. — Toute personne qui recherche ou extrait de l'or ou d'autres pierres ou métaux précieux, soit pour son compte, soit pour le compte d'autrui, devra présenter sa licence à toute réqui-

sition des fonctionnaires ou officiers compétents sous peine d'une amende de 1 à 3 £ (25 à 75 francs).

74. — Toute personne qui se rendra coupable de changer, de déplacer ou d'enlever les jalons ou marques d'un claim sera punie d'une amende de 100 £ (2500 francs) au plus, et, à défaut de paiement, d'un emprisonnement avec ou sans travaux forcés de trois mois au moins et de trois ans au plus.

75. — Tout titulaire d'une licence pourra demander au commissaire des mines, qui en décidera, d'être mis en possession d'une parcelle de terrain qui pourrait rester inoccupée entre deux ou plusieurs claims après la délimitation de ceux-ci.

La forme de cette parcelle est indéterminée, mais son étendue ne pourra dépasser le nombre de pieds carrés fixé pour un claim par la présente loi. Cette parcelle, pour pouvoir être exploitée, devra être représentée par une personne de la race blanche munie d'une licence.

76. — Aucun homme de couleur ni aucun Hindou ou Chinois ne pourra être titulaire d'une licence ni être attaché d'une manière quelconque à l'exploitation des mines d'or, si ce n'est comme ouvrier au service des blancs.

77. — Nul ne pourra payer ses domestiques ou ouvriers de couleur en pierres ou métaux précieux bruts, sous peine d'une amende ne pouvant excéder 500 £ (12 500 francs). A défaut de paiement, la peine sera d'un emprisonnement avec ou sans travaux forcés de trois ans au plus et de la confiscation au profit de l'État des pierres ou métaux précieux donnés en paiement.

78. — Toute personne qui achète, échange ou accepte des pierres ou métaux précieux bruts d'individus de couleur soit dans un centre minier proclamé, soit ailleurs sur le territoire de la République Sud-Africaine, sera punie d'une amende ne pouvant excéder 1 000 £ (25 000 francs). A défaut de paiement, la peine sera d'un emprisonnement avec ou sans travaux forcés de cinq ans au

plus et de la confiscation au profit de l'État des pierres ou métaux précieux.

79. — Toute personne qui établit une dérivation d'eau à travers une route carrossable ou un sentier fréquenté sera tenue de construire un pont suffisant et solide ; à défaut de quoi, il sera loisible à tout fonctionnaire public ou à tout particulier de combler le fossé de dérivation. Le contrevenant sera, en outre, passible d'une amende de 1 à 10 £ (25 à 250 francs) et, à défaut de paiement, d'un emprisonnement de un à trois mois avec ou sans travaux forcés.

80. — Sera puni d'une amende de 100 à 1 000 £ (2 500 à 25 000 francs) ou d'un emprisonnement avec travaux forcés de un à dix ans, suivant les circonstances, celui qui détériorera ou détruira ou qui tentera de détériorer ou de détruire des mines, claims, machines, conduites d'eau, appareils, propriétés ou travaux servant à l'exploitation des mines.

81. — En cas d'achat d'immeubles par une personne ou une compagnie avec ou sans concession, soit du Gouvernement, soit d'un particulier, pour y exploiter des mines de pierres ou métaux précieux, et lorsque le prix de vente sera stipulé en espèces et en actions d'une compagnie minière établie ou à établir, les droits de transfert seront calculés sur le montant du prix d'achat payé en espèces et non sur les actions; à moins toutefois que la valeur estimée de la propriété ne soit supérieure à ce prix. La valeur estimée servira, dans ce dernier cas, de base pour la fixation des droits de transfert.

Si le prix d'achat est entièrement stipulé en actions, les droits de transfert seront également payés d'après la valeur estimée de la propriété.

Le droit de transfert des claims sera de 4 p. 100 de la valeur. En cas de vente des claims, il sera tenu compte des dispositions ci-dessus, en même temps que des règles sur les droits de transfert d'immeubles.

82. — Il sera perçu un droit de 4 p. 100 de la valeur pour le

transfert des emplacements. Les mêmes règles que pour les droits de transfert d'immeubles seront applicables dans ce cas.

83. — Sera puni d'une amende de 2 £ (50 francs) au plus, ou d'un emprisonnement avec ou sans travaux forcés d'un mois au plus, ou de 25 coups de fouet au plus, tout individu de couleur engagé verbalement ou par écrit comme domestique, homme de peine ou ouvrier dans un magasin, dans une usine ou dans une exploitation minière, qui quitte son maître sans permission, qui se rend coupable de négligence ou refuse d'exécuter un travail qu'on était en droit de lui demander, ou qui menace ou insulte son maître ou sa maîtresse ou toute autre personne ayant légalement autorité sur lui. Tout individu de race blanche, domestique, homme de peine ou ouvrier, qui se rend coupable d'une des infractions prévues au présent article, sera puni d'une amende de 5 £ (125 francs) au plus, ou d'un emprisonnement de trois mois au plus, avec ou sans travaux forcés. Le commissaire des mines aura, dans les limites du centre minier pour lequel il a été institué, les mêmes droits et attributions que ceux conférés aux baillis par la loi n° 13 de 1880.

84. — Tout maître ou patron devra se munir d'un permis mensuel délivré par le commissaire des mines, à raison d'un schelling (1 fr. 25) pour chaque ouvrier de couleur employé par lui dans les mines ou exploitations minières. Toute contravention à cet article sera punie d'une amende de 5 schellings (6 fr. 25).

85. — Il sera accordé par le commissaire des mines à toute personne ou compagnie qui importe des machines pour le travail des mines, indépendamment de l'emplacement ordinaire qui lui a été concédé, et moyennant une redevance de 2 schell. 6 d. (3 fr. 10) par mois, un terrain de 50 pieds (15 mètres) de côté pour l'établissement de ces machines à un endroit qui ne soit pas reconnu contenir des pierres ou métaux précieux, sans qu'il puisse toutefois être nui aux droits des tiers.

86. — Il sera délivré des permis pour couper ou enlever du

bois des terrains domaniaux à raison de 1 £ (25 francs) par charretée, de 7 schell. 6 d. (9 fr. 35) par tombereau, ou de 6 deniers (60 centimes) par fardeau de bois.

Les permis seront délivrés par les commissaires des mines pour les terrains domaniaux. Pour pouvoir couper du bois sur des propriétés privées, un arrangement devra être fait avec le propriétaire.

Lorsqu'une personne marque un claim sur lequel se trouve du bois, elle devra, avant de l'endommager ou de le couper, payer une indemnité fixée par le commissaire des mines. Cette indemnité devra être payée au commissaire des mines qui, à défaut de paiement, ne délivrera plus de licence pour l'exploitation du claim. Le commissaire des mines sera tenu de fixer ou de faire fixer cette indemnité dans le plus bref délai possible.

S'il s'agit de propriétés privées, l'indemnité sera acquise au propriétaire.

Quiconque coupe ou enlève du bois sans permis ou sans l'autorisation du propriétaire, sera passible d'une amende de 2 £ (50 francs) ou d'un emprisonnement d'une semaine pour chaque infraction, le tout sans préjudice de l'action en dommages-intérêts pour le bois coupé ou enlevé.

87. — Tout mineur pourra, s'il le désire, abandonner un ou plusieurs claims qu'il occupait dans un centre minier proclamé pour en marquer un ou plusieurs autres, à charge d'enlever les jalons et indicateurs sur le terrain qu'il occupait auparavant, d'y afficher pendant une semaine un avis annonçant qu'il est abandonné et d'en informer le commissaire des mines. Le tout à peine d'une amende de 1 à 10 £ (25 à 50 francs) ou d'un emprisonnement de quatorze jours à un mois avec ou sans travaux forcés.

Le commissaire des mines aura le droit de refuser une licence pour un claim abandonné avant l'expiration des sept jours après l'avis qu'il en aura reçu ou aussi longtemps qu'il présume que l'abandon a eu lieu pour éviter le paiement des droits de transfert ou pour soustraire le claim au titulaire légal lorsqu'il en a été pris possession par un fondé de pouvoir.

Le commissaire des mines pourra procéder à une enquête

avant d'autoriser la prise de possession de claims abandonnés ou les faire vendre au profit de l'État.

88. — Les règlements et dispositions particulières applicables dans chaque centre minier proclamé entreront en vigueur du jour de leur promulgation au *Journal officiel*. Le Président de la République aura la faculté, après avoir pris l'avis et du consentement du Conseil exécutif, de modifier ces dispositions ou règlements particuliers sur la proposition du comité des mineurs d'un centre minier. Ces modifications entreront en vigueur quatorze jours après leur promulgation au *Journal officiel*.

Le Président de la République aura également la faculté, après avoir pris l'avis et du consentement du Conseil exécutif, même sans proposition d'un comité de mineurs, de prendre des arrêtés ou de faire des règlements généraux ou spéciaux pour assurer l'exécution de la présente loi, sans en enfreindre toutefois les dispositions, notamment pour régler le mode d'exploitation des mines, assurer la sûreté du personnel, prescrire la tenue de registres d'exploitation ou pour régler tels autres objets que le Président, de concert avec le Conseil exécutif, jugera à propos.

Cette faculté accordée au Président implique le droit de décréter des dispositions pénales et d'établir des taxes et contributions.

Ces dispositions et règlements auront force de loi du jour de leur promulgation au *Journal officiel*. Ils seront soumis à l'Assemblée législative dans sa prochaine session.

89. — Par *mine publique* ou *centre minier public*, on entend une étendue de terrain proclamée ouverte pour la recherche et l'exploitation des mines par l'autorité compétente.

Il est entendu par le mot *claim* soit une parcelle de terrain sur lequel un particulier, plusieurs personnes ou des compagnies ont acquis le droit de rechercher ou d'exploiter des mines, soit le droit de rechercher ou d'exploiter des mines dans cette parcelle de terrain.

Sont *propriétés particulières* les terrains appartenant à des personnes ou compagnies en vertu de titres de propriété ou de transfert.

On entend par *terrains domaniaux* tous les terrains appartenant à l'État.

Par *individu de couleur*, on entend les indigènes et naturels de l'Afrique et de l'Asie, les Hindous et les Chinois.

90. — Sont abrogés les lois, arrêtés de l'Assemblée législative et les règlements antérieurs sur l'exploitation des mines.

Sont réservés, pour en jouir conformément à la loi, les droits acquis sur des claims en vertu de l'article 16 de l'annexe à la loi n° 1 de 1883.

91. — La présente loi entrera en vigueur du jour de sa promulgation au *Journal officiel*.

S.-J.-P. KRUGER,
Président d'État.

W. EDUARD BOK,
Secrétaire d'État.

MODÈLES DE RÉDACTION DE PIÈCES DIVERSES

ANNEXÉS A LA LOI SUR LES MINES

Modèle de demande d'enregistrement spécial.

Je soussigné..... de profession..... demeurant à..... à ce spécialement autorisé aux termes d'une procuration en date du..... et ci-annexée, requiers par les présentes l'enregistrement spécial des claims..... inscrits au nom de.....

Modèle d'avis de réception d'une demande d'enregistrement spécial.

Il est porté à la connaissance du public que..... de profession..... a déposé en mes bureaux une demande d'enregistrement spécial des claims..... inscrits au nom de.....

J'ai fixé la date de l'examen de cette demande au..... jour du mois de..... 18..... à..... heures de.....

En conséquence, j'invite toute personne qui aurait intérêt à s'opposer à l'enregistrement spécial de ces claims à me présenter ses objections par écrit ainsi qu'au demandeur avant l'époque fixée ci-dessus.

Modèle de certificat d'enregistrement spécial.

Je soussigné, commissaire des mines de..... certifie par les présentes que les claims..... situés à..... connus sous le nom de.....

ont été spécialement enregistrés sous le nom de..... et que ces claims jouiront de tous les privilèges résultant, en vertu de la loi, de leur enregistrement spécial.

Licence de recherche

Délivrée conformément à l'article..... de la loi n°..... de 1888.

Il est permis par les présentes à..... de rechercher des pierres et métaux précieux dans..... pendant une période de..... Il a été payé pour ce permis une somme de..... montant du droit calculé à raison de..... par mois.

Bureau du bailli ou commissaire des mines, le..... 18.....

Le Bailli ou Commissaire des mines.

Licence de recherche dans des propriétés particulières

Délivrée aux termes de l'article..... de la loi n°..... de 1888.

Le sieur..... ayant présenté l'autorisation écrite du propriétaire le sieur....., il lui est permis par les présentes de rechercher des pierres et métaux précieux dans les terrains de la ferme de..... pendant une période de..... mois, et il a pour ce permis payé la somme de..... montant du droit calculé à raison de..... par mois.

Bureau du bailli ou commissaire des mines de..... le..... 18.....

Le Bailli ou Commissaire des mines.

Licence de recherche dans les propriétés particulières

Proclamées ou ouvertes publiquement aux recherches aux termes de l'article..... de la loi n°..... de 1888.

Il est permis par les présentes à... de rechercher des pierres et métaux précieux dans..... pour une période de..... mois. Il a été payé pour ce permis la somme de £....., montant des droits calculés à raison de..... par mois.

Bureau du bailli ou du commissaire des mines de..... le..... 18.....

Le Bailli ou Commissaire des mines.

Permis pour les ouvriers de couleur

Aux termes de l'article..... de la loi n°..... de 1888.

Le présent permis a été accordé pour l'homme de couleur..... au service de..... pour la période d'un mois à compter du.....

Bureau du commissaire des mines de..... le..... 18.....

Le Commissaire des mines.

Coût : 1 shelling (1 fr. 25).

Licence d'emplacement

Aux termes de l'article..... de la loi n°..... de 1888.

Il est accordé par les présentes une licence pour un emplacement de..... pieds sur..... pieds dans ce centre minier à.....

Il a été payé pour cette licence £..... pour..... mois, à raison de..... par mois.

Le Commissaire des mines.

La présente licence est renouvelable.

Licence de mineur

Aux termes de l'article..... de la loi n°..... de 1888.

Il est permis par les présentes à..... d'extraire des pierres ou métaux précieux dans les centres miniers publics de cette République pendant..... mois, à partir du..... 18..... jusqu'au..... 18....., et de jouir pendant ce temps de tous les privilèges accordés aux mineurs permissionnés par la présente loi.

Il a été payé pour ce permis la somme de £....., soit pour..... mois à raison de..... par mois.

Bureau du commissaire des mines de..... le..... 18.....

Le Commissaire des mines.

Permis d'exploitation ou bail minier pour un propriétaire

Aux termes de l'article..... de la loi n°..... de 1888.

Il est accordé, par les présentes, par le Gouvernement de la République Sud-Africaine, aux termes de l'article..... de la loi n°.....

de 1888, à....., propriétaire de la ferme de...,. n°....., située dans le district de..... subdivision de....., le droit d'exploiter des mines de pierres et métaux précieux sur une partie de ladite ferme, d'une étendue de..... morgen, d'après le plan qui en a été dressé par l'arpenteur en date du.....

La redevance à payer de ce chef annuellement et d'avance sera de... jusqu'à ce que le Gouvernement juge à propos de remplacer, aux termes de l'article précité, cette redevance fixe par une redevance proportionnée à raison de 2 1/2 p. 100 de la valeur des découvertes faites dans lesdits terrains.

La redevance due pour le présent permis devra être payée régulièrement chaque année et d'avance entre les mains du trésorier général; faute de quoi, l'exploitant permissionné sera déchu de tous ses droits.

Le titulaire du présent permis devra tenir régulièrement compte du produit des découvertes et de l'extraction des pierres et métaux précieux dans sa propriété et le Gouvernement aura le droit de remplacer la susdite redevance annuelle fixe par une redevance proportionnelle de 2 1/2 p. 100 de la valeur du produit des découvertes pendant l'année écoulée. Aussitôt après la réception de l'avis qui lui en sera donné par le Gouvernement, le titulaire du présent permis devra acquitter la susdite redevance.

Le présent permis est accordé pour une période de..... années à partir de ce jour.

Délivré en conformité de l'article..... de la loi n°..... de 1888, dans les bureaux du Gouvernement de la République Sud-Africaine à Pretoria.

Le.....

Le Secrétaire d'État.

Permis d'exploitation pour des terrains domaniaux

Aux termes de l'article..... de la loi n°..... de 1888.

Il est accordé par les présentes à..... le droit d'exploiter des mines dans la parcelle de terrain dont les plans et descriptions sont ci-annexés, située à..... connue sous le nom de..... et ce, pour une période de..... années, à partir de ce jour le..... 18.....

La redevance due pour le présent permis devra être acquittée régulièrement et d'avance entre les mains du trésorier général. Jusqu'à ce que le gouvernement ait modifié le mode de calcul de la redevance, il devra être payé annuellement pour le présent permis la somme de £..... sous peine de déchéance de tous les droits miniers qui y sont attachés.

Le titulaire du présent permis devra tenir régulièrement compte du produit des découvertes et de l'extraction des pierres et métaux précieux dans sa propriété, et le Gouvernement aura le droit de remplacer la susdite redevance annuelle fixe par une redevance proportionnelle égale à 2 1/2 p. 100 de la valeur du produit des découvertes pendant l'année écoulée. Aussitôt après la réception de l'avis qui lui en sera donné par le Gouvernement, le titulaire du présent permis devra acquitter la susdite redevance.

Le présent permis est accordé pour une période de... années à partir de ce jour.

Délivré en conformité de l'article..... de la loi n°..... de 1888, dans les bureaux du Gouvernement de la République Sud-Africaine, à Pretoria.

Le.....

Le Secrétaire d'État.

Permis d'exploitation de terrains particuliers donnés à bail

Aux termes de l'article..... de la loi n°..... de 1888.

Il est accordé par les présentes à..... le droit d'exploiter des mines dans une parcelle de terrain dans les limites et faisant partie de la ferme de...,. n°..... située dans le district de..... subdivision de...... laquelle parcelle est d'une superficie de..... morgen..... verges carrées, suivant le plan qui en a été dressé par l'arpenteur..... le..... Ladite parcelle a été louée par ledit..... du propriétaire le sieur..... ainsi qu'il résulte d'une expédition du bail authentique passé à..... le..... de l'an..... par devant..... notaire, et qui est restée annexée aux présentes.

La redevance due pour le présent permis devra être acquittée régulièrement et d'avance entre les mains du trésorier général. Jusqu'à ce que le Gouvernement ait modifié le mode de calcul de la redevance, il devra être payé annuellement pour le présent permis la somme de £....., sous peine de déchéance de tous les droits miniers qui y sont attachés.

Le titulaire du présent permis devra tenir régulièrement compte du produit des découvertes de l'extraction des pierres et métaux précieux dans sa propriété, et le Gouvernement aura le droit de remplacer la susdite redevance annuelle fixe par une redevance proportionnelle égale à 2 1/2 p. 100 de la valeur du produit des découvertes pendant l'année écoulée.

Aussitôt après la réception de l'avis qui lui en sera donné par le Gouvernement, le titulaire du présent permis devra acquitter la susdite redevance.

Le présent permis est accordé pour une période de.....

Délivré conformément à l'article..... de la loi n°..... de 1888, dans les bureaux du Gouvernement de la République Sud-Africaine, à Pretoria.

Le.....

Le Secrétaire d'État.

CATALOGUE

DE LA

RÉPUBLIQUE SUD-AFRICAINE

A

L'EXPOSITION UNIVERSELLE DE 1889

A PARIS

GROUPE II

Classe 12

ROBERTSON & C°, à PRETORIA. — *Photographies sur papier.*

GROS (H.-F.), à PRETORIA. — *Photographies sur papier.*

Classe 13

LE GOUVERNEMENT, à PRETORIA. — *Instruments de musique indigène.*

Classe 16

JEPPE (FRÉDÉRIC), à PRETORIA. — *Carte géographique.*

Classe 20

LE GOUVERNEMENT, à PRETORIA. — *Poteries en terre indigène.*

GROUPE III

Classe 17

LE GOUVERNEMENT, à PRETORIA. — *Meubles employés par les indigènes, Sièges fabriqués par les Boers.*

Classe 21

LE GOUVERNEMENT, à PRETORIA. — *Nattes.*

Classe 23

LE GOUVERNEMENT, à PRETORIA. — *Coutellerie des indigènes.*

Classe 29

LE GOUVERNEMENT, à PRETORIA. — *Petits meubles tournés en pied, petits meubles de fantaisie, objets tournés, sculptés, tabatières, pipes, paniers de fantaisie.*

GROUPE IV

Classe 35

LE GOUVERNEMENT, à PRETORIA. — *Cannes, objets de toilette fabriqués par les indigènes.*

Classe 36

LE GOUVERNEMENT, à PRETORIA. — *Vêtements, costumes, coiffures, ustensiles de toilettes des indigènes.*

Classe 37

LE GOUVERNEMENT, à PRETORIA. — *Bijoux des indigènes en cuivre, fer, bois, corne, etc. Armes défensives, boucliers, massues, casse-têtes, lances, haches, arcs, flèches des indigènes, fusil.*

GROUPE V

Classe 40

LE GOUVERNEMENT, à PRETORIA. — *Figurines en bois* (fétiches).

Classe 41

STRAUSS (R.), à PRETORIA. — *Minerai de blende de sa ferme.*

HUGO (H.), à ROOS SENEKAL. — *Minerai de fer magnétique.*

LE GOUVERNEMENT, A PRETORIA (Département des mines). — *Collection et échantillons de roches, minéraux et minerais, combustibles minéraux, métaux bruts.*

MINE (ALBERT), à PRETORIA. — *Échantillon de minerai de sa mine de cuivre argentifère.*

SCHŒMAN (H.-Y.), à PRETORIA. — *Échantillon de minerai argentifère.*

CHARLTON & MEYER, à JOHANNESBURG. — *Échantillon d'une tonne et demie du minerai aurifère de leur mine.*

Classe 42

LE GOUVERNEMENT, à PRETORIA. — *Échantillon d'essences, graines forestières, matières tannantes, objets de boissellerie, vannerie.*

Classe 43

LE GOUVERNEMENT, à PRETORIA. — *Collection d'oiseaux, d'œufs, produits de la chasse, fourrures, plumes d'autruches cornes, ivoire, écorces et filaments utiles, cire, gomme, caoutchouc.*

Classe 44

LE GOUVERNEMENT, à PRETORIA. — *Coton brut, tabacs en feuilles, en rouleaux et fabriqués, plantes oléagineuses, laine, poil de chèvre d'Angora.*

DE JAGER (G.-J.-W.), à WINTERSHOEK. — *Laines brutes.*

JOHNSTONE (B.-P.), à DASJESFONTEIN (Wakkerstroom). — *Laines brutes.*

KOLBE (J.-J.), à PUNTJE (Wakkerstroom). — *Laines brutes.*

ULS (P.-K.), à UITZOEK (Wakkerstroom). — *Laines brutes.*

AARON STEINWEIS & C°, à JOHANNESBURG. — *Tabacs fabriqués, cigares et cigarettes.*

BECKETT & C° (J.-W.), à PRETORIA. — *Laines brutes, poils de chèvre d'Angora.*

Classe 45

EERSTE FABRICKEN (Société de), à PRETORIA. — *Eaux de senteur.*

LE GOUVERNEMENT, à PRETORIA. — *Savon, bougies, substances tinctoriales, eau-de-vie de pêches.*

Classe 47

LE GOUVERNEMENT, à PRETORIA. — *Cuirs tannés, pelleteries.*

COMPAGNIE SUD-AFRICAINE (pour la préparation des cuirs), à PRETORIA. — *Cuirs tannés, corroyés, apprêtés, matières tannantes.*

GROUPE VI

Classe 48

LE GOUVERNEMENT, à PRETORIA (Département des mines). — *Modèles, plans et vues d'exploitation de mines.*

Classe 60

LE GOUVERNEMENT, à PRETORIA. — *Jougs, brides pour bêtes de somme, fouets, cravaches, licols à bœuf.*

GROUPE VII

Classe 67

LE GOUVERNEMENT, à PRETORIA. — *Froment, seigle, maïs, orge, épeautre, sorgho, manne, farine.*

BECKETT & C° (J.-W.), à PRETORIA. — *Froment, maïs, sorgho en graine et en farine.*

MEINTJES (E.-P.-A.), à PRETORIA. — *Froment, maïs, farine de froment.*

MORRIS & FREAN, à VENTERSDORP. — *Blé et farine.*

SCHOEMAN (H.-J.), à PRETORIA. — *Maïs.*

HEYSTEK (GEORGE), à WATERBERG. — *Maïs.*

Classe 71

LE GOUVERNEMENT, à PRETORIA. — *Légumes farineux secs. fruits secs et préparés.*

Classe 72

LE GOUVERNEMENT, à PRETORIA. — *Thé, cafés, café de racine* (cappris albitrunca).

Classe 73

EERSTE FABRICKEN (Société de), à PRETORIA. — *Boissons spiritueuses, eaux-de-vie, liqueurs.*

TABLE DES MATIÈRES

Paris. - Typ. Georges Chamerot. 19, rue des Saints-Pères. — 24709.